地方高校协同育人机制创新与人才培养模式改革研究

李漫红　赵　哲　著

中国石化出版社
·北京·

内容提要

全书密切结合地方高校的实际情况，通过论述协同创新视角下地方高校管理机制在不同阶段呈现的变化及特点，具体分析地方高校协同创新的路径与应用型人才培养模式改革；同时，基于沈阳化工大学应用型人才改革经验，深入剖析了地方高校协同创新培养应用型人才存在的问题，并据此提出改善地方高校协同创新机制与人才培养模式的设计思路。本书共6章，分别是理论体系、高校协同创新与人才培养的比较研究、地方高校协同创新的效应分析与机制改革探索、地方高校协同创新的路径分析与实践策略、地方高校应用型人才培养模式改革的问题与出路、地方高校应用型人才培养模式改革的实践探索，每章对应不同的研究重点，具有相对的独立性。

本书具有较强的理论性、时代性、操作性，既可作为高校教育教学管理人员的操作手册，也可以作为社会各界人士进行教育合作与实践的参考读物。

图书在版编目（CIP）数据

地方高校协同育人机制创新与人才培养模式改革研究 / 李漫红，赵哲著 .—北京：中国石化出版社，2022.10

ISBN 978-7-5114-6832-1

Ⅰ. ①地… Ⅱ. ①李… ②赵… Ⅲ. ① 地方高校 - 人才培养 - 研究 - 中国 Ⅳ. ① G649.2

中国版本图书馆 CIP 数据核字（2022）第 183949 号

中国石化出版社出版发行

地址：北京市东城区安定门外大街 58 号
邮编：100011　电话：(010) 57512500
发行部电话：(010) 57512575
http：//www.sinopec-press.com
E-mail：press@sinopec.com
北京艾普海德印刷有限公司印刷
全国各地新华书店经销

*

710 毫米 ×1000 毫米 16 开本 12 印张 187 千字
2022 年 10 月第 1 版　2022 年 10 月第 1 次印刷
定价：72.00 元

前　言

在新一轮科技革命与产业变革背景之下，国家战略布局与产业格局发生着变化，创新、协调、绿色、开放、共享五大发展理念是我国发展思路、发展方向、发展着力点的集中体现。高校是人才培养和科技创新的高地，在促进知识创新和技术创新过程中都发挥着重要作用。近年来，国家连续出台一系列纲领性文件，提出深入实施新时代人才强国战略，对高校人才培养提出了全方位的新要求。

截至2022年，全国高等学校共计3013所，其中，地方普通高等学校中的本科院校（以下简称：地方高校）1270所，培养了全国近90%的大学本科生。地方高校作为人才培养的主力军，是服务区域经济和地方发展的重要力量，其人才培养质量直接影响我国经济转型和产业升级。立足新阶段，贯彻新理念，地方高校要紧紧围绕立德树人根本任务，主动结合区域社会经济发展实际和学校自身特点，探索人才培养模式改革，加速培养大批具有较强行业背景知识、实践能力，胜任行业发展需求的高素质人才。

协同创新本质上属于管理创新，在推动高校人才培养能力提升过程中发挥着重要作用。2012年，教育部、财政部联合颁发《关于实施高等学校创新能力提升计划的意见》，明确指出要充分发挥高等学校多学科、多功能的优势，积极联合国内外创新力量，有效整合创新资源，构建协同创新的新模式与新机制，形成有利于协同创新的文化氛围。习近平总书记在党的十九大报告中也指出，要深化科技体制改革，加快产学研深度融合，推进协同创新体系建设。要充分发挥高等学校的学科优势、人才优势和资源优势，推进高校开放创新和协同创新，推动产业技术新体系建设，支撑构建区域创新体系，更好地服务国家重大发展战略，促进区域经济社会发展和行业进步。

世界上许多国家已经用他们的经验和实践证明，创新人才培养的根本途径是高质量的科研和教育，以及科研、产业、教育的合作。然而长期以来，我国地方高校较为普遍地存在着人才培养模式的“适应性”不够、人才培养能力的“创新性”不足等问题。追究其深层次的原因：一方面，人才培养地位不清晰、培养质量标准不科学、质量要求与产业需求相匹配的联动配置机制不完善。另一方面，地方高校作为国内培养应用型人才的重要基地，在创新能力的培养模式、管理制度、运行机制等方面还存在欠缺。同时，国内关于产学研合作、科教融合培养创新人才的研究较多，而围绕地方高校如何培养具有创新能力和实践能力的高水平应用型人才的系统性研究成果还相对较少。因此，基于在高等教育管理领域多年理论研究与实际调研的基础，我们总结和提炼出具有服务区域经济特点的地方高校协同创新与应用型人才培养的理论知识体系，并期望研究成果能够给其他学者、高校以及管理机构带来启发和借鉴。

本书共分为六章：

第一章为理论篇。首先，阐述了协同创新的理论体系，基于新供给经济学对高校协同创新的概念进行界定，从应然解释、逻辑演进和运行机制三个方面对高校协同创新的理论内涵进行了分析。同时，对国内外针对高校协同创新的机理与内涵展开文献综述，为广大研究者和学习者提供了较为全面、系统的关于高校协同创新理论的概述。

第二章为比较篇，梳理了国外高校在开展协同创新和应用型人才培养方面的经验。从产业集群、创新主体、成果转化、需求同频等角度对国外高校协同创新经验进行梳理。通过对美国、英国、德国、澳大利亚等国家的应用型人才培养经验的比较分析，以期为我国高校协同创新培养应用型人才提供有益借鉴。

第三章为机制篇，具体剖析了地方高校协同创新的效应与机制。从制度建设、转化效率、参与程度和服务功能四个方面对高校协同创新机制存在的问题进行研究。进一步从创新高校外部协同发展的运行机制、完善内部资源整合管理机制、建立科研成果评价机制等方面提出完善建议。

第四章为路径篇，总结了地方高校开展协同创新需要遵循的基本原则，并从区域差异、多元合作、整体联动和培育环境等方面具体提出协同创新的理性选择。在此基础上，从转型发展、战略规划、学科特区等方面提出具有较强可操作性的地方高校协同创新的实践策略。

第五章为人才培养篇，具体分析地方高校在应用型人才培养模式改革中存在的问题与发展出路。提出地方高校应用型人才培养的基本原则，并在对人才培养存在问题进行深入探究后从学院建设、教学制度、实践平台和教师队伍等方面具体完善人才培养体系，并以应用型人才培养为核心，探索地方高校发展的重要举措。

第六章为实践篇，沈阳化工大学遵循需求导向的培养理念，创新校企协同化育人、专业家庭化培养、老师个性化指导的育人机制，构建了应用型人才培养新体系。同时，学校逐渐摸索出具有自身特色的科教协同模式，开辟地方院校借力国家科研院所的创新优势和科研资源，提高人才培养质量，产出科技创新成果，实现共赢发展的有效路径，取得了显著成效并积累了大量实践经验。

本书是研究团队围绕“高校协同创新”领域，在多年研究积累基础上形成的研究成果，是基于国家级新工科研究与实践项目“新理念、新模式、新机制：新工科创新型人才培养体系研究与实践”的研究取得，也是辽宁省教育厅2021年度科学研究经费项目（面上项目）“辽宁省一流专业建设绩效评价模型构建及有效性研究”（LJKR0168）、辽宁省社科基金重点课题“辽宁高校与高端装备制造企业协同创新的效率测度及优化策略研究”（L21AGL021）等教学改革项目的阶段性研究成果。本书的编撰得到了沈阳化工大学的大力支持，在此表示感谢。

由于时间仓促，对于一些问题的认知和调研可能还存在片面性；同时，有些知识体系和理论方法还在发展过程中，难免存在纰漏和不足之处，恳请同行专家和广大读者批评指正。

目　录

第一章
理论体系

第一节　基本内涵

协同学理论主要探讨有序、有规律结构的形成，是一门在普遍规律支配下的有序自组织集体行为的科学。哈肯（Hermann Haken）把研究子系统间由于自身之间的协同作用而在宏观尺度上产生结构和功能的具体过程和规律的科学称为协同学，即一个由许多子系统构成的系统，如各子系统之间相互配合产生协同作用或合作效应，系统在整体上就会表现为具有一定的结构改进功能。在多元化的社会领域中，组织结构的发展有着相同的趋利规律，某种协同状态的不断强化能够占有绝对优势并支配一个系统的所有部分，迫使各部分进入这种遵循规律的既定有序状态。序参量是主导系统向共同目标努力发展的重要参量，通过引入序参量来协调各创新主体的行为并使之有效配合，就可实现协同创新的目标，促使创新系统形成整体大于部分功能之和的最终效果。

协同创新是多元主体之间一种正相关的因果效应，其运行过程存在多个主导系统发展方向的序参量，协同进化和“协同效应”是支配协同创新系统的主导序参量。同样，在埃茨科维兹（Henry Etzkowitz）看来，现代大学已由社会次要机构上升为主要机构，它不仅是知识生产与转化的关键，还是知识空间、集聚空间和创新空间得以形成的关键。尤其是地理临近创新主体的制度安排、组织变革、触角延伸和边界渗透的复杂性与动态性，决定了创新是从知识到技术再到实体经济的协同系统。简单的线性分析已经无法透彻、全面地理解创新，我们需要从开放式的、跨组织的角度认知创新，根据创新的知识、资源、关系等要素及其方法作出协同范式的解释。其中，在知识维度，协同创新能够提升大学知识的精准生产能力与企业及时吸收知识的能力，并激发知识创新潜力，明确知识战略行为，降低知识交易成本，缩短知识应用周期，疏导知识流通渠道，提升知识转化绩效；知识发展是创新驱动发展道路的基础，知识在当今经济社会中地位日益突出。高校协同创新是指在知识经济背景下，“高校-产业-政府”三方相互协调，通过主体之间、主体与外部环境之间的人力、知识、技术、基础设施、资本、信息及政策等创新资源的交流，形成具有前沿性、专业性、开放性、稳定性的组织系统，在三者相互作用的动态过程中，可促进协同创新机制不断提升，以推动技术的创新、生产、转化、应用及升级。高校作为知识发展与技术革新的重要源泉，是不断推动创新和产业发展的关键因素。在资源维度，同质性组织之间普遍存在资源竞争，而大学与企业却是两类异质性组织，双方协同创新是互补性的战略联盟，即由于具有能力和资源的互补性而产生组织之间的制度化“协同效应”，并可从合作伙伴中获取关键性的稀缺资源，特别是无法通过交易获取的人际交流、学科文化等组织内部隐性资源，进而实现资源的共享、互补与共创。在关系维度，大学与企业的协同创新是建立在灵活与信任基础上的利益共同体协作关系，既可以是资源、专用性资产、专利技术等简单资本因素嵌入彼此组织间的有形关系网络，也可以是知识、契约、文化等复杂社会因素嵌入此组织间的无形关系网络。高校、企业、政府机构等创新主体通过协同创新，围绕技术创新与产业化，以市场需求为纽带，以协同创新平台为组织界面，形成一个相互影响、相互进化、相互协作的协同创新体系。

一、新供给经济学的概念阐释

新供给经济学发轫于主张减税、放开管制的西方“供给侧”经济学派（supply-side economics），其核心思想源于让·巴蒂斯特·萨伊的“供给创造需求”，即萨伊定律。按照萨伊定律，解决“需求不足”的办法就是政府减税、减少干预，让企业有机会去调整供给、增加供给。我国本土化的新供给经济学是建立在传统经济学、制度经济学、转轨经济学、发展经济学和新兴经济学等基础之上的“五维一体化”理论框架，其中，劳动、资本、土地、资源、技术、知识和信息等生产要素是供给侧的重要内容。我国新供给经济学的基本内涵是“新供给创造新需求”，主张从供给端发力服务经济社会全局发展，通过强化市场和政府协同驱动和良性互动，将增加“有效供给”作为促进经济发展的必要手段。新供给的表现形式是能够持续创造新需求，形成新市场的一种新技术、新产品、新商业模式或管理模式。而新供给形成并创造新需求的机理往往是通过新要素的发现、新技术的应用、新制度的变革和新管理的创新等方式产生，并受到国家的经济政策和人文环境等因素制约。简言之，新供给主义经济学不但强调资本、资源、劳动等资源向新供给集中的过程，而且将各种资源的供给问题与供给能力纳入紧密联系的制度供给体系，主张建立一个与新供给相适应的制度环境。应用新供给经济学理论对高校科教协同改革进行破解，可以演绎出高校科教协同改革不仅是显性要素“小逻辑”服从隐性要素“大逻辑”的理想状态，更是一个包含一般性动力和特殊性动力的复合型逻辑系统。其中，一般性动力是通过要素升级与资源配置，进而增强高校科研生产力和培育新增长极；特殊性动力是通过制度创新和组织改革，建构以市场需求为导向的高校科研旨趣、行为准则及生产关系。可以说，高校科教协同改革是一个“改什么”与“如何改”的弹性命题，不但要注重生产力与生产关系、要素与制度、存量与增量等全要素生产率的再平衡、再调整与再变革，还要在区域范畴中处理好高校与政府、高校与企业、高校与市场等多个主体的组合关系。

二、协同创新显性要素的解析

伴随我国创新驱动战略的深度实施，学术界对影响高校科研活动效率和效益的供给侧要素进行了有针对性的探讨，形成了具有普遍说服力的“简单要素论”。“简单要素论”以劳动力、资本、物质资源等显性要素为核心，聚焦影响高校科研活动的客观条件及其表现形式。有研究者认为，人力资源配置和科技经费项目是高校科研活动的调节杠杆，两者的规模与质量深刻影响着高校科研产出的实际效果，其中，人力资源配置包含教学人员和科研人员，科技经费项目包含科研经费和科研课题数量。当前，已有的要素结构体系依然存在遗漏，无法涵盖高校科研科教协同的全部显性要素。因此，应在人力投入、经费支持和研究课题的基础上，将成果产出纳入要素范畴，重构高校科研供给侧的生产力核心要素及其生产关系逻辑。具体来讲：人力投入是一种以“知识为本”的高校科研组织关系建构过程，高校对不同学科领域的研究人员、专任教师及研究生等学术群体进行调配、组织和应用，进而充分发挥知识资本和技术能力的空间集聚效应；经费支持是高校科研活动的物质保障和充分必要条件，高校对政府纵向与企业横向的经费获取能力，决定了基础研究、应用研究和开发研究等不同科研方向的整体规模、基本属性、价值取向与预期成果；科研课题是高校科研活动的关键载体和科研实力的衡量指标，高校对国际科技前沿、行业核心技术和区域民生需求的主要问题或亟待解决的重大事项进行持续攻关，能够在某一领域形成特色、稳定的知识、技术与方法等区域创新优势及资源合力；成果产出是高校科研活动的终极“红利”和绩效标志，高校对具有学术意义和实用价值的论文、专利等多种形式的科研创造性结果进行界定、衡量与使用，切实把科研创新成果落实到区域亟须的各个领域。

三、协同创新隐性要素的甄别

随着高等教育供给侧改革进程的铺开推进，学术界以体制、机制、产权等隐性要素创新为突破点，在组织场域的范畴中，对影响高校科研活动的重要变量及其主要矛盾进行系统解释。有研究者提出，高校科研需求侧变革重在需求导向与产权保护的双轮驱动，具体途径在于高校强化以市场应用为目标的科研意识，以及深化以知识产权保护为核心的科研管理改革。有研究者提出，高校科教协同，应从成果培育机制、考评体系、利益共享机制和平台建设等方面发力。还有研究者提出，高校科教协同应注重从结构调整向现代大学制度改革推进。综合而论，已有研究立足高校科研活动及效益增值的校内管理视角，一定程度地忽视了源自政府的外部有效供给和协同互动的过程管理。高等教育发展的内外部基本规律决定了高校科教协同是促进个性化与社会化的有机融合过程。这种过程是一个效率与公平兼具的、系统工程范式的动态质量管理和创新动力机制持续改进，涉及高校组织的内部管理优化和外部氛围创设等“由内而外”的供给体系建构的全部环节。因此，应审视政府、企业和高校等异质性组织之间的生产力互补性和生产关系耦合性，建构一种协同共生的“目标－结构－功能”跨组织整合性动力体系，以及与需求侧相适应的供给侧运作机理，即从高校科研供给侧的政策、战略、制度等创新“因变量”及其内涵要素出发，解决制约高校科研活动的外部利益相关者之间的主要矛盾和高校内部矛盾的主要方面，持续形成认识一致、动态开放、远离平衡态、非线性特征的高校科研供给侧耗散结构和网络状供给新模式，从而推动高校科研供给侧隐性要素体系的完善、改革与创新。

四、高校协同创新的呈现方式

高校在技术创新体系中承担着提供知识源的任务，在国家创新发展中具有十分重要的地位和独特作用。依托高校的优势，与科研院所、行业企业、地方政府及国际社会等建立深度合作，形成协同创新的有机整体，解决国家重大需求和科学问题，是提升国家创新能力的有效途径。没有高校与企业、科研院所、政府、用户等的合作，就难以在全社会形成协同创新体制，难以构建同我国经济社会发展需求相适应、同产业发展相衔接的、结构合理、类型多样、机制灵活、充满活力的创新体系。高校如今已成为推动协同创新体系的中坚力量，其中一个重要的责任就在于根据国家需求和自身特点，发现问题并设计解决方案，有效推动多个创新环节的衔接工作，并带动服务体系中多元主体的协同工作。

鉴于高校在协同创新中的重要地位，国内外各学术领域对此展开了多方研究，主要围绕着包含高校的协同创新模型的运行机制、模式、绩效等方面。一方面是高校协同创新的运作。协同创新的运作机制是从各协同主体开始产生组建协同联盟意愿到协同利益分配结束全过程，涉及各个环节的运行原理、相关制度及作用方式。一般的协同创新分为高校主导、政府主导和企业主导三种。而高校主导的协同创新运作机制是指相关主体、对象和要素等在协同创新中的内在联系，相互作用的动力、方式、功能、程序及运行原理等，包括高校协同创新的动力、决策、投入、利益分配等内容。另一方面是高校合作创新的模式。国家创新能力的提升并不是高校、研究所以及企业之间的简单叠加，而是需要各个创新主体之间的协同。目前，主要模式有三种：（1）以承担重大技术产业化专项的模式开展核心技术研究，通过核心技术突破和资源集成，在一定时限内完成的重大战略产品、关键共性技术和重大工程，提升产业竞争力；（2）以共建联合实验室、研发中心的模式推进技术产业化，该模式使企业能够持续投入科研院所专业领域的技术创新，使科研活动更贴近于市场需求，缩短产品开发周期，同时还能够为企业储备技术和人才，是产学研合作体系中针对技术需求和供给对接最有效的方式之一；（3）以大学或科研院所组建企业的模式转移技术，从大学和科研机构中孵化出创新型公司，或大学和科研机构同企业建立联合企业，这是推动技术转移和商业化的重要力量。

第二节　文献综述

协同创新的理论基础，最早可以追溯到协同学理论。20世纪80年代以来，国际上创新研究领域相继出现创新体系理论、创新三螺旋理论、创新集群理论等流派，研究主要集中于商业经济学、工程学、计算机科学、运筹管理科学、教育研究等研究领域，这些不同的研究领域贯穿了政府、企业、高校及科研院所，跨越了不同的学科边界。这些理论的共同特点均强调各类创新主体的互动联结和集体创新，以协同创新方式促进区域创新活动的内生发展，认为区域的协同创新是区域创新能力孕育和提升的最重要的内在机制。

国内外理论界对于创新的研究已成不可逆转之势。不同领域的专家学者从不同角度阐述了创新活动。如弋亚群等以资源为研究起点，认为组织资源的“价值性、稀缺性、不可完全模仿和不可替代性”限制了组织持续竞争优势的获得，而组织协同创新是持续竞争优势的重要来源之一，并建立了组织资源的协同机制，分析了基于资源的组织协同创新的类型、特点和效用。全利平、蒋晓阳从管理协同的角度，论述了参与协同创新的各主体要从分散走向全面协同，其核心主体是为了顺应新组织目标任务的开展，必须对新组织自身的职能进行定位，加强内部管理制度的建设，实现参与主体之间创新活动规则的统一。周佩莹等运用演化经济学的理论框架对知识创新进行了全新的分析，提出企业在日益复杂的外部环境中保持持续竞争优势的关键在于协同知识创新。孙国强指出网络合作中的协同既不同于市场机制作用下的“随机”协同，又不同于行政机制下的“捏合”协同，而是具有自组织特征的“多元互补”协同。李兵、张春先、佟仁城则结合创新理论的发展，提出了协同知识创新的设想，意在充分挖掘企业员工的主动性、能动性和创造性，在员工的心目中产生一种潜在的说服力，把组织的意志变为员工自觉的行动，从而实现人力资源的最佳配置，开发人力资源潜能。

一、协同学阐释协同创新的系统属性

协同学（Synergetics）意为“协调合作之学”。“协同”的概念是联邦德国斯图加特大学教授、著名物理学家哈肯在耗散理论的启发下所提出的系统学理论。1971年他提出协同的概念，1976年系统地论述了协同理论，发表了《协同学导论》《高等协同学》等著作。哈肯将协同学定义为：“研究一个由大量子系统以复杂方式相互作用所构成的复合系统，在一定条件下，子系统间通过非线性作用产生协同现象和协同效应，使系统形成有一定功能的空间、时间或时空的自组织结构。”其中也包括通常的社会现象，如不同单位间的相互配合与协作、部门间关系的协调、企业间相互竞争的作用，以及系统中的相互干扰和制约等。管理学家对“协同”在企业创新方面的应用进行了实证分析，结果表明，企业的协同创新能够提升产品的研发绩效与管理绩效，使企业获得更多的创新收益。对于协同效应而言，王琛、赵英军、刘涛指出，协同效应的获得是企业实现资本增值最大化的有效途径，他们认为协同效应主要通过企业资源战略、业务经营战略和组织战略的完善，实现企业资源结构、业务结构和组织结构的优化，进而获取协同效应。胡恩华、刘洪、张方等学者提出协同创新就是指集群创新企业与群外环境之间既相互竞争、制约，又相互协同、受益，通过复杂的非线性相互作用，产生企业自身所无法实现的整体协同效应的过程。彭本红、周叶认为协同创新是指企业之间在竞争合作的基础上展开的联合创新行为，既可以是研发合作创新，也可以是产品创新或市场创新。而刘颖、陈继祥则针对生产型服务业与制造业之间的协同创新，认为协同创新就是生产型服务业与制造业通过复杂的非线性相互作用，产生企业自身所无法实现的整体创新效应的过程。

陈劲则在协同创新上着重提出知识生产机构（大学、研究机构）的作用，认为协同创新是企业、政府、知识生产机构、中介机构和用户等，为了实现重大科技创新而开展的大跨度整合的创新组织模式。在创新过程中，价值创造与价值锁定是参与主体所要追求的两个目标，通过对创新的知识属性、组织治理结构及合作伙伴这三要素的协调来平衡主体间合作与竞争，即在协同创新过程中，对三要素的匹配能力成为协同创新中心引领各协同创新参与主体实现创新过程成功的重要保障。通过三要素在价值创造与价值锁定不同阶段的匹配，实现协同创新价值的最大化。与此同时，保障机制的选择应匹配协同创新各主体间内部与外部的组织形式，而作为协同创新参与的主体应该在不同的创新演进阶段，通过对合作、合约及内部科层的组织结构形式进行不同的选择，以最大限度地发挥协同效应。

此外，解学梅在都市圈创新的协同学剖析研究中认为，作为一个区域网络创新系统，都市圈是由系统内结点（企业、科研机构、高校等）、结点之间的链接（关系网络、纽带）、流动（人才、物质、信息、资本）和网点所构成。它依赖于创新系统中不同的创新主体（顾客、供应商、竞争者、大学）的协同交互作用，是空间根植性的互动学习过程。

二、创新理论解释了协同的内在机理

国外研究者分析网络协同的具体组织形式，研究国家创新体系的主体之间战略联盟的新态势、新机制、新特点以及协同效应等问题。国家创新体系是政府、企业、大学、研究院所、中介机构等之间，为寻求一系列共同的社会经济目标而建设性地相互作用，并将创新作为体系变革和发展的关键动力，是包括经济社会多因素的复杂巨系统。哈兰德（Harland C.M.）在《网络与全球化》一书中提到，网络是指以不同的形式表现的行为主体之间的联系。哈肯森（Harkanson）认为，网络是具有参与活动能力的行为主体，在主动或被动地参与活动过程中，通过资源流动，在彼此之间形成的各种正式或非正式关系。网络类型有多种，如果强调行为主体是企业，则可称为企业网；如果强调网络中的活动是为了创新的目的，则可称为创新网络。1987年，英国著名创新理论家克里斯托夫·弗里曼（Christopher Freeman）在考察总结日本的创新经验时，提出“国家创新体系”（也译为“国家创新系统”）的概念。弗里曼在《技术政策与经济绩效：日本国家创新体系的经验》一书中，将创新归结为一种国家行为，即由公共和私有机构组成的网络体系，并强调体系中各行为主体的制度安排及相互作用。该网络中各个行为主体的活动及其相互作用，旨在经济地创造、引入、改进和扩散知识和技术，使一国的技术创新取得更好绩效。世界经济合作与发展组织（OECD）对国家创新体系进行了广泛深入的实证研究，认为国家创新体系是“公共和私人部门中的组织结构网络，这些部门的活动和相互作用决定着一个国家扩散知识和技术的能力，并影响着国家的创新业绩”。OECD的《国家创新体系》（1997）报告指出：“创新是不同主体和机构间复杂的互相作用的结果。技术变革并不以一个完美的线性方式出现，而是这一体系内各要素之间的反馈、互相作用的结果。外部知识的主要来源是别的企业、公共或私有的研究机构、大学和中介组织。”因此，高校是这创新体系中的主体。国家创新体系理论的核心和重点是关注整个创新体系内部的相互作用和联系的网络。而在网络组织协同创新领域，国内一部分学者先行研究了协同创新网络组织的形式，如王雪原、王宏起和刘丽萍对产学研这种协同创新的网络组织的各种组建形式进行了探讨，并认为根据参与主体、资源优势及特点的不同，所组建的产学研模式也不同，其中，最常见的包括共建机构、共建工程技术中心和共建经营实体三种形式。

三、三螺旋理论指明协同创新的作用

美国著名的创新理论学家亨利·埃茨科威兹在20世纪90年代提出创新“三螺旋”理论，在《三螺旋》（2005）一书中系统地阐述了该理论。他认为，区域创新依赖于大学－产业－政府三边互动，不强调谁是唯一的创新主体，大学－产业－政府三方都可以是创新的组织者、主体和参与者。无论以哪一方为主，最终都是要形成动态三螺旋，推动各种创新活动的深入开展。在这个过程中，三方各自起独特的作用，但又和谐地相互作用、协同创新，形成共同发展的势头，促成区域经济与社会发展的繁荣景象。国内学者对三螺旋理论也开展了大量研究。周春彦认为，三螺旋的生成原理在于创新过程的非线性本质和多主体特征，静态表现为“内核外场模型”，而动态演化过程则在于纵向进化和横向循环。发生在三股螺旋之间的三螺旋循环揭示了在大学、产业和政府之间的，以人员、信息和产品流动为特征的相互作用和运行机制。张秀萍等通过研究创业型大学的管理模式创新，认为三螺旋理论下创业型大学的管理模式创新包括：创业型大学的目标定位及价值重构、组织结构优化与制度创新，以及管理机制创新；同时更加注重政府和企业等外部组织的介入，注重与政府、企业的战略性合作与联动，促进异质资源在大学、政府、企业之间的跨组织整合与流动，形成良好的外部互动机制。作为三螺旋之外的第四方，社会中介组织可能作为第四螺旋起到越来越重要的作用。

张铁男等以三螺旋模型为基本理论框架，提出政府、产业和大学（研究机构）是科技创新孵化活动的主要参与主体，三者互相促进、互为因果，呈现三螺旋结构特征，创造性地提出“产业基地”孵化模式；陈红喜以三螺旋理论为支撑，分析“大学-产业-政府”之间的互动关系，提出政产学研合作模式应重点发展“组建研发实体”等高级模式。刘力认为，三重螺旋模型（Triple Helix）是目前分析大学、政府和企业三者间关系的主流理论，该模型指出，大学在经济和技术创新中应承担更多的任务，主张通过“政产学”合作来推动知识发展和产业化。

四、创新集群理论验证了协同的实效

集群是创新和竞争力的重要源泉，这已成为产业经济学的共识。创新集群理论是从创新的系统属性的视角，探究集群与创新的关系。按照哈佛大学学者波特的定义，集群是在某些特殊领域里通过共同的技术和技能相互联系起来，并且在地理上比较靠近的公司和机构组成的团体。它们通常处于相同的地理区域内，从而有可能轻松地通信和私人交流。根据波特的“竞争钻石”理论，决定一个国家（地区）和产业竞争力的生产要素条件，包括自然资源、地理位置、气候条件、初级劳工等基本要素，还包括高级技术人员及其创新能力、科研机构及其领先的学科、研究成果等高等要素。高等要素往往是竞争对手难以仿效的。因此，有学者认为，在区域创新网络的构建中，高等院校等科研机构应与企业积极合作，形成波特所指的“学习型经济”，即集群的动态外部规模经济。此外，经合组织2007年发表了一份关于集群的研究报告，总结了世界上7个国家知名集群的经验，指出集群成功的8个关键要素：紧密的产学研合作、研究成果的商业化、大量的人力资源、技能强化、公共部门的大力投入、有力的伙伴关系和领导作用、优越的生活品质、社会资本。在这8个关键要素中，紧密的产学研合作、有力的伙伴关系和领导作用、社会资本等方面都充分体现了集群内部之间协同合作的特征。例如，克鲁格曼曾引用Dalton的地毯作为例子，来说明如果没有地方高等院校对地毯技术的研究，也就没有区域的地毯聚集生产和创新。

五、协同创新理论在高等教育中的应用

对于高等教育而言，探索组织创新及管理创新较为集中。教育部教育发展研究中心主任张力认为，产学研稳定的协同创新机制，其根本在于利益协调，政府和产学研各方均事先确认各自利益范围与责任边界，设定风险分担和利益分配机制，并辅以一定的风险投资机制，在确定高校、科研机构和企业对协同创新的责任时，可以跳出以产业链为基础的协同创新网络模式，探索符合我国基本国情的新路径。主要基于以下几个方面：（1）影响因素分析。在我国20世纪90年代，国内高校开始探索产学研协同创新。在1992年，国家经贸委、教育部和中科院联合组织实施了“产学研联合开发工程”，开展了大量关于产学研合作的动因及影响因素、组织模式与治理机制、组织间关系及演变、交易成本和制度安排、合作效果评价的研究。华中农业大学党委书记李忠云和校长邓秀新认为，科学研究内在发展规律，领军人物、利益机制、文化氛围、组织结构是高校协同创新必须牢牢抓住的四个关键要素。（2）促进院校发展方式转变。安徽大学程桦校长认为，当前地方高校正在由外延式发展向高水平、有特色内涵式发展转变，“2011计划”的实施恰逢其时，为地方高校的进一步发展指明了方向。（3）推动院校改革。江苏省教育厅副厅长殷翔文认为，实施高校协同创新计划，是推动中国高等教育深化改革的一个重要契机，是推动中国大学创新发展的一个重要突破口，高校自身的这种改革创新，可以集中地以“协同创新中心”这个载体作为改革“特区”和改革试验区加以推动。此外，一些研究者还针对地方高校协同创新网络建构及产学研战略联盟的不同组织模式，研究协同创新的新态势、新机制、新特点以及未来发展趋势等问题。

从现有文献来看，高等教育领域的“协同创新”研究正处于一个起步阶段，已有研究较多集中在协同创新的理论内涵研究与典型院校实践探索，而对地方高校协同创新的服务目标、特色理念、角色定位、价值追求、模式组建、体制机制创新及实施路径研究尚不全面。因此，开展地方高校协同创新的定位、模式与路径研究，已成为构建区域创新体系和突破地方院校发展瓶颈的关键，亟待我们在理论和实践层面展开深入的研究。这是因为，对高校“管得太细、管理僵化”的状况并未得到彻底改变，因而导致高校的自主办学能动性滞后，造成了部分高校决策者的办学理念、发展模式落后，制约着高校协同创新的发展。在发达国家很多高校已经广泛尝试将用于企业管理的全面质量管理的观念和方法应用于高校管理，并取得了许多成功的经验。科学的管理观念及方法，是推动高校出成果、出效益的关键所在。全面质量管理以质量为核心，企业全体成员及相关部门积极参与，通过把专业技术、经营管理、数理统计以及企业文化等结合起来，建立起产品质量形成全过程的质量体系，从而最大化地利用人力、物力、财力、信息等资源，以经济、有效的手段生产出客户满意的产品，使企业及其全体成员和社会均能受益，从而推动企业的成功与发展。而高校协同创新本质上也是通过联合各个成员及部门，通过资源的统筹管理、合理利用，实现“1+1>2”的协同效应。

第三节　理论基础

一、协同创新的应然解释

（一）高校的协同创新具有自适应特征

迈克尔·波特（Michael E.Porter）认为，国家竞争优势取决于产业竞争力。特别是创新技术的重要性不仅来自本身所具有的广阔效益和市场前景，更是代表特定时期的国家竞争力、现代产业体系成熟度、技术竞争优势和领先地位的关键衡量标准。自2008年国际金融危机爆发以来，美国、德国、法国和日本等发达国家开始反思“去工业化”政策的偏颇，重新审视和评估实体经济的价值，纷纷提出“再工业化”实体经济复苏的新战略。“再工业化”的战略重心是建立信息技术、智能科技与传统工业领域相融合的现代新型工业体系；战略进程是发展节能环保、循环利用、可再生等新能源，新型功能、先进结构、高性能复合、共性基础等新材料，以及以人工智能、电子信息、数字制造技术等新技术为主的战略性新兴技术。高等教育的外部适应规律表明：创新的新增长点培育、核心技术的改良与升级需要大学人才培养、科学研究和社会服务三大基本职能的自觉适应与创新有为、主动作为。其中，大学的适度超前性人力资本培养与供给能够缩短技术创新“由弱到强”的生命周期；大学具有前瞻性原始创新和关键共性技术，能够突破并提高创新技术“弯道超车”的竞争力；大学的扎根式、常态化、制度化的社会服务及其在社会服务过程中形成的资源“磁石”力、科技“变现”力与物质“提现”力更紧密贴合，为战略性新兴技术的规模化、集群化发展保驾护航。

（二）大学创新有助于产业技术价值增值

创新系统蕴含着知识与技术、大学与企业的两种基本关系。知识是创新系统的原发内核，技术是能产生经济效益的知识聚变。大学是知识创新主体，而企业是技术创新主体；大学与企业的供需关系构成了创新系统中的“知识－技术”流动制度，正是这种即时性与定向性的流动制度衍生了大学知识生产与企业技术应用的协同发展现象。创新技术发展的催化动力正是源自大学的学术知识创新；学术知识创新能更好地促进开发新产品、开拓新市场、培育新产业、形成新业态。大学知识创新总是嵌套着战略性新兴技术的增值活动，并最终形成有效的价值兑现网络，而产业技术的成长过程更显著地表现为“大学知识创新－孵化技术－企业应用技术”的知识价值转化。自20世纪中期以来，大学通过打造知识密集型科技园填补区域创新网络漏洞，进而孵化知识型高新技术企业，已成为第三次工业革命的“主旋律”，如英国剑桥大学的可持续发展生物能源中心和帝国理工大学的未来能源实验室、丹麦技术大学的里瑟可持续能源国家实验室、新加坡国立大学的能源研究所、澳大利亚新南威尔士大学的能源与环境研究所等，均是各国新能源研究领域的创新驿站。再如麻省理工学院、斯坦福大学、加州大学圣塔芭芭拉分校、西北大学等材料学科及其研究成果，已是支撑美国材料工程的知识“传送泵”。按照“知识-技术”产业的一般规律，大学的知识生产率取代劳动生产率已成为衡量战略性新兴产业经济增长能力的主要指标。大学知识创新的吸引性活动和裂变式演化，能够引发企业关键共性技术“基因”突变的连锁反应，进而在“知识-技术”互动中形成新的价值交换关系，新的价值供求体系以及新的价值活动区间，促使产业技术等产量曲线发生根本性转变，实现全要素生产力的持续积累和生产率的迅速增长。

（三）知识创新能够影响产业技术的创新生态

大学基础知识的研究对产业创新技术的影响不是短暂的或随机的阶段性发力，而是基于创新生态系统建构过程的持续注力。一方面，大学与产业技术协同发展是促进知识在区域创新生态系统中流动与应用的一种制度安排。衡量区域创新生态系统的效率与效益，实际上就是看这种协同制度是否有利于知识的创造、流动与扩散。伴随协同创新、创新驱动、产教融合的制度变迁，开放性的社会结构，兼顾生产力贡献的学术价值导向以及弥散式的“学术部落”组成，使大学变得更加开放、更有张力、更具活力。大学“正在被经济资本和新管理主义所破坏”，传统的学科结构开始松动，普遍遵循的研究秩序和研究旨趣逐渐从“小众”成果独占转向“大众”知识分享，大学变成更加松散的学术活动组织。这种由外部制度变迁引发的“实践建构论”互惠性知识观及其系列的“化学反应”，表明一种强调研究成果的价值弥散和社会需要的知识生产模式正在形成，并促使大学由单纯学科性组织演变为创新生态系统的关键制度性主体和应用型组织。另一方面，大学组织作出的适应性调整和进行的相关变革，奠定了区域创新生态系统的活跃态势。大学与产业技术的跨行业、跨属性、跨身份等多重互动关系的增强及其科学机制的形成，构成了大学组织结构变革的动态常量。在产业技术的孕育、生长和成熟的变化过程中，大学通过组织变革带来更加清晰的“是什么”“为什么”和“怎么做”的创新行动指南。无论是教学和科研的组织形式还是整个创新活动的出发点，大学均需要进一步明确战略性新兴技术链有序结构中的特定知识获取需求，并开展特定知识“点对点”“点对链”和“点对面”的校企映射性转化活动。

二、协同创新的逻辑演进

在一个开放系统的时代，专有的结构体系已经不复存在，甚至会成为合作的壁垒，于是体系的一致性变得极为重要。在知识经济时代，一个设计良好并可扩充演化的体系结构，可以随着市场一起发展，为合作对象提供一种稳定的固定节点，并作为辐射状、长期存在的合作平台。协同创新理论体现了系统权变的思想，与技术创新模式由封闭转向开放密切相关，反映了当今科技发展模式的最新趋势。

协同创新的主要特征表现为：（1）整体性，创新生态系统是各种要素形成的有机集合，其存在的方式、目标、功能都表现出统一的整体性；（2）动态性，创新生态系统是不断动态变化的，创新是一个螺旋式动态上升的循环活动，包括模糊前端设想、开发设计、产业化与商业化三个阶段，从形成创新内容到创新结果的扩散，再到产品的市场效益形成，然后通过市场需求再进入新一轮发展创新，在这一过程中，参与的各主体通过“沟通-协调-合作-协同”，产生着次序、交叉、交互的作用。各个参与主体通过协同实现优势互补，能够实现共生要素之间的利益和信息交换，这种合作模式存在着物质、资源、信息的流动，表现出生物学上的共生特性，形成依托的共生单元，以特定的经济、社会为背景的共生环境的产学研协同创新共生体，从而实现各个主体的相互适应、相互激励、相互改进的过程，推动协同创新体系结构的均衡发展。

第一，协同是有序的前提条件。不同系统的性质迥然不同，但它们在从无序向有序的转变过程中却遵循共同的规律，这正如哈肯所言，“当许多系统从无序到有序时，它们呈现出非常相似的行为”。协同是大学与战略性新兴产业各创新要素间的协调合作，是为了实现各自利益目标而建立的“无序-有序”的合作动态和互惠关系，引导着协同创新系统从无序走向有序、从低级别有序走向高级别有序、从简单有序走向复杂有序，深刻揭示了创新结构及其组织运行是怎样形成的。其中，创新起点是大量不同的无序变量；创新生成是各无序变量在持续交互过程中逐渐形成微观有序性；创新结果是微观有序性渐渐产生的宏观协同力。构建大学与战略性新兴产业的协同力，需要选择理性方式的谈判型线路和规范方式的调控型线路。理性方式的谈判型线路是使大学、企业这两个利益相关者通过市场调控这只“看不见的手”的驱动形成自组织创新机制，围绕利益分配、风险分担和资源共享等核心单元，打通协同力传送的“主干道”。而规范方式的调控型线路是通过政府宏观调控这只“看得见的手”的助推，针对校企之间的战略协同、价值协同和组织协同，形成政策、法律和制度的外部主导合力，完善协同力发展的秩序框架。

第二，有序引领协同进化结构。协同进化是两个或更多相互作用的物体或系统相互作用的历时性适应变化。组织为了突破资源和能力的限制，追求更高或更好的目标，会自然而然地选择合作途径，建立协同关系。当大学与企业两类异质性组织的协同关系有了共同目标的变革愿景和功能协调的行动规则时，协同关系就逐渐稳定下来，转变为稳定的协同进化结构。所以，大学与战略性新兴产业的协同进化结构由目标方向及功能搭配组成。其中，“他变－自变”的协同进化目标方向，是大学群体的组织机构、治理体系等“自变”目标，回应战略性新兴产业群体的生产力、生产资料和生产关系等“他变”目标的伴生式进化反应。而“平行线”式的协同进化功能搭配是大学的人才培养和科学研究等功能进行的选择性强化和调适性转型，大学基本功能会与战略性新兴产业的需求交互影响，进而形成一个相互作用、供求精准对接的协同适应结构。

第三，协同进化结构激活“协同效应”。大学与战略性新兴产业的协同进化结构，能够促进整个创新系统从混乱无序的不稳定状态向协同有序的稳定状态发展，最终产生“协同效应”。“协同效应”主要由“流量效应＋共享效应”构成。“流量效应”是指大学与战略性新兴产业的生产资料、劳动力等物质要素以及知识、技术、管理等非物质要素，在校企间对流所产生的“流动效应”与“补充效应”的集合，主要包括物资流、信息流、技术流、人才流和资金流，校企协同创新的集聚和扩散也是在这五大要素流的基础上发生的。“共享效应”是校企双方为了提高资源利用率而展开基础设施和商业服务设施的共建与对接，由此产生设施、设备、技术等的共享。

第四，协同创新是一种独特的、混合性、多元跨组织关系。由于其跨组织结构关系在目标设置上具有协同性质，因而可以避免传统组织结构的缺点，提高技术创新的有效性。高校协同创新是以知识增值为核心、以网络组织（虚拟组织为典型）的形式运作，以知识生产机构（高校、科研机构）、企业、政府、中介机构和用户等为载体，由多种要素、多种主体、多种联系协同形成的集合体，是由众多的单元和层次，以及不同的要素有机整合形成的复杂系统，为实现重大科技创新而开展的大跨度整合的创新组织。它同时具有产学研组织和网络组织的优点，联合各方发挥各自优势，目的是组建一个优化的、完整的创新链，以实现各合作创新主体间的资源共享、知识传递和技术散播，最终实现知识、技术的价值增值和创新产生的网络系统。其网络合作关系打破了以往以自我积累为主，彼此依存度相当低的发展模式；通过高度协调、密切相关的信息交互，实现资源的产生、传输、接受、处理、衍化。同时，要素在不同系统的部分、层面交融，可以最大限度地利用体系中的资源，构建以核心能力、资源共享、优势互补等内容为主的协同创新网络，推动参与主体走向更为有序的状态，实现高于平均水平的综合效益。在组织中各个相互分工与关联的生产企业、研究机构和高等教育机构可构成系统化、协同化的网络体系，推动形成战略性的、长期性的紧密协同合作关系，而这种网络体系可支持并产生创新。高校协同创新是可以由政府、其他社会组织规划构建，或由于市场推动作用而自发形成，其目的是协同创新并形成可持续成长的创新延续。但无论通过何种方式演化，都要遵循客观规律，不断适应内、外部环境要求，即高校协同创新具有自生长、自发展等自组织特征。

综上所述，高校协同创新是由一个从单要素、单主体、单联系的连接，逐步向由多种要素、多种主体、多种联系协同形成集合体的演变过程，通过对系统内部不同变量因相互作用而发生的结构演化过程的分析，可以识别高校协同创新系统的演化机制。

三、协同创新的运行机制

第一，分配机制。分配问题是目前制约协同创新的一个关键性问题，也是调动科研人员参与协同创新积极性的关键因素。由于参与协调创新主体不同，各成员间存在不同的利益诉求，同时组织间缺乏相对的权衡机制将导致利益分配不均，出现产权利益纠纷。在创新中要经历“创新设想－调研－开发－中试－生产－市场销售”的过程，由于研究开发阶段其效益难以预估，大量科研人员难以获得预期的经济回报，缺乏研究动力，导致技术创新起步困难。在技术初步成熟后，也存在各研究方、研究方与生产销售方的利益分配问题，技术创新的创造者往往难以获得价值回报或回报率较低，价值获取的主动权往往由企业方面控制，因此难以调动高校研究者的研究积极性。吕海萍对浙江省企业及高校科技机构开展问卷调查并发现：影响大学、科研院所产学研相结合的最大因素是利益分配不当，尽管有部分企业认为学研单位要价过高，利益分配不合理，但是，学研单位也普遍认为利益分配不合理。骆品亮根据对高校科研院所的调查，发现影响合作的主要因素中，权益分配不当占49%，其他因素占25%，人际关系不协调占19%。因而，利益的分配不合理是影响高校协同创新合作的主要因素。

第二，协同机制。技术是新兴产业发展和培育中的重要驱动因素，促进技术成果从高校到企业再到产业的转移，是推动产业优化升级和结构调整的关键。然而，科技成果转化率低，使得大量的技术资源禀赋未充分发挥其作用，造成资源的浪费。当前，部分学校科研资源禀赋存在分散性和封闭性，主要表现为学科主体条块分割，优势没有得到有效聚集整合，未能充分发挥最大效益；固有的思维还在影响着科研活动，学科之间、院系之间、院校之间跨领域缺乏统筹协调，交叉研究合作模式较少；管理体制、评价机制僵化等原因，导致人员、资源、信息分配出现障碍。此外，研究动机不同以及缺乏权衡，导致协同创新过程中产生协同困难，形成“资源孤岛”。高校作为科技创新的参与体，需要充分整合学校资源，积极与其他组织保持广泛紧密的合作，优化组织管理机构，大力发展专业化的共享系统，强化核心资源的发展和研究，加强对内部资源要素交叉、重组、融合，建设内部协调创新价值链，消除内部壁垒，实现资源协同。利用在基础研究或前沿科技研究的优势，高校应该充分利用其文化、技术、知识、人才的溢出效应，实现创新能力在其他创新主体之间的转移和扩散，积极推动协同创新体系的发展。

第三，保障机制。目前，我国高校协同创新保障机制存在的主要问题有：相关的法律法规不健全，基于知识产权的保护力度不够，科技中介服务机构发展缓慢，科研经费投入不足。这些问题的存在导致高校协同创新发展滞后。知识产权制度能否发挥保护作用是鼓励创新以及促进创新成果转化作用的关键，它的发展成效直接影响到我国技术发展趋势，影响着技术创新的生态系统成长。当前，我国政府各知识产权管理部门与各个执法机构条块分割，缺乏有效的协调沟通机制，执法队伍重复建设、执法主体与职责划分不明确，难以对知识产权违法行为进行有效打击。遇到的侵权问题不知道该找谁来解决，要提起诉讼则面临着知识产权诉讼门槛高、时间长、成本大的难题。知识产权“侵权成本低、维权成本高”使得风险因素加大，机会成本变高，制约着协同创新各个参与主体之间的要素融合。

科技中介机构作为产业创新体系的重要组成部分，一般包括生产力促进中心、科技企业孵化器、科技咨询评估机构、技术市场、科技情报信息机构以及科技风险投资中心等机构，是科技与应用、生产与消费不可缺少的服务组带，在产业发展过程中承担着人才引进、技术研发、成果转移、创业投资、专利代理等服务功能，科技中介机构在有效集聚创新资源、降低创新风险、加速科技成果产业化进程中发挥着桥梁和纽带作用。科技中介机构与金融服务机构的发展，对于加速科研成果转化，提高技术创新能力，大力推进科技与经济的结合有着重要的作用，也为高校协同创新成果的商业化注入了力量。例如，美国2000年制定《技术转移商业化法》，英国1998年制定的“High Education Reach-Out Fund”科技计划，这些法律、科技计划的目的是加强教育机构与企业、产业之间的互动，优化科技中介服务功能，加强各个创新主体之间的合作，为创新资源的流通建立渠道，从而促进技术转移，推进产学研协调发展。创新成果的转化是一项系统工程，需要中介机构全程参与并提供技术市场的服务，信息渠道的畅通程度与科技成果是否能产生社会经济价值息息相关。我国科技服务中介机构起步较晚，综合实力较弱，使得高校与企业之间缺少有效的信息传递平台，要素之间的流动阻力较大，较难形成双向激励系统，这导致了高校、研究所与企业之间缺乏合作契机。

最后，研发投入不足、资金短缺制约科技成果的转化。一般技术成果产业化要经过研究、转化与应用开发、产业化或商品化三个阶段，往往需要大量资源投入，高校由于自身的局限性难以投入大量资金进行技术产业化，而企业作为科技成果转化主体，研发能力不强，将制约高校技术创新的转移，企业在进行一系列技术成果市场化导向的研发时存在一定的风险，由于此阶段往往存在不确定性以及不稳定性因素，技术转化投入导致的机会成本会使企业投入趋于保守。

第二章
高校协同创新与人才培养的比较研究

第一节　高校协同创新的国际经验

高校协同创新的本质是与其他多元主体实现协同创新、利益共享和双赢。一方面，行业企业通过协同发展可以找到创新的源头，增强企业的核心竞争力并创造最大化的利润；另一方面，高校通过协同发展能够激发创新动力，不断延伸社会服务边界。欧美等国家的高校通过建立多样化的产学研协同模式，全面服务经济社会发展。

一、以大学为联结点带动产业集群发展

通过大学衍生、分化或吸引，促进大规模企业聚集，进而形成以大学创新为联结点的产业带结构。20世纪60年代，德国学者维尔纳·桑巴特提出了“生长轴”理论，认为连接各中心的重要交通干线如铁路、公路、航道等的建设，将使企业和人口沿交通干线集聚，从而形成产业集聚带。最具代表性的是修建于1951年的美国128科技高速公路产业带。第二次世界大战以来，麻省理工学院（MIT）成为美国军事科技领域和微电子技术革命的主要研究中心之一，汇集了全美顶尖的科技工程师和产业技术工人，成为波士顿地区军用科技向民用领域的经济转型先锋。时至今日，128公路沿线两侧聚集了数以千计的从事高新技术研究、发展和生产的机构和公司，正在128公路地区兴建的一个半径约8千米的以生物技术为中心的肯德尔园区，已集中了近百家生物技术公司，其中大多数都与MIT和哈佛大学密切相关。

以高校的科技研究为核心，依托高校重点实验室和重点学科，全面构建区

域知识创新网络，推动产业集聚，成为引领新经济发展的重要区域。美国斯坦福大学1951年成立的微电子研究和生产基地，是世界第一个以大学为依托的科学园区，而以斯坦福大学、加州大学伯克利分校、圣克拉拉大学为主的高等教育集聚式布局则构建了庞大的区域创新网络，最终缔造了硅谷。英国和德国仿效美国，在大学周围建立了牛津科学园和慕尼黑科技园等世界著名的高新技术产业园区，极大地推动了电子信息产业集群的发展壮大，打造了引领本国经济发展的新增长极。正如德里克·博克所言："我们不知道一个没有大学的城市会更富有还是更贫穷，因为谁也无法预知一个没有像大学这样的机构存在的社区会是怎样的一个情况。但是我们相信，相对来说，很少有其他方式可以像大学那样给一个城市带来如此大的经济效益。"

二、大学与多元创新主体的融合互动

（一）大学－企业－政府三螺旋互动

政府、企业与大学是知识经济社会内部创新制度环境的三大要素，它们根据市场要求而联结起来，形成了三种力量交叉影响的三螺旋关系，推动政产学互动合作体系的建立，并产生共赢效应，增加区域高等教育产出效益。20世纪90年代，美国纽约州立大学的社会学家亨利·埃茨科威兹和荷兰阿姆斯特丹科技学院的罗伊特·雷德斯多夫教授提出了官、产、学"三螺旋"理论，以此分析在知识经济时代政府、产业和大学之间的新型互动关系。在创新区域内，由政府的主导，大学通过其组织结构最下层的研究中心以及个人建立起与企业活动的无缝接口，在区域内发挥强大的技术创新辐射作用。"三螺旋"模式正成为世界高等教育发展的新趋势，而以英格兰沃里克大学、苏格兰斯特拉斯克莱德大学、荷兰特文特大学、芬兰约恩苏大学和瑞典恰尔默斯技术大学为代表的欧洲创业型大学的诞生与发展，则是大学组织变革对"三螺旋"模式的积极回应。英国沃里克大学制造工程学院是欧洲最大规模的制造工程教学、科研、工业发展及顾问中心，制造工程学院与罗尔斯·罗伊斯、宝马等著名企业有良好的合作关系。此外，沃里克大学抓住英国政府建立国家健康服务体系，满足社会公共卫生事业服务的机遇，新成立了医学院，成为第一个与政府合作的国家健康服务系统大学。正如沃里克大学校长范得莱德所言，“学校与工商企业界的联系是学校一贯的宗旨”。

（二）大学参与体育竞技产业发展

大学通过对体育竞技产业的研究和参与，促进新的学科专业产生，形成新的大众娱乐文化、服务娱乐产业的发展。美国有着优良体育传统的大学，多坐落在设有职业运动队的中小城市或大学城，因此，观看大学体育比赛是当地和周边居民生活的重要组成部分。英国许多高校都设置了与体育休闲娱乐相关的专业，目前全英共有115所高等院校开设了体育休闲相关专业，学科体系相当完备，既有侧重休闲类的旅游、娱乐等服务性行业学科，也有侧重于大型体育活动策划、体育企业管理等统筹类学科，还有运动学、心理学、法律、设计等学科相互渗透，衍生出更有针对性的专业科系。例如，利物浦大学是最早开设足球MBA课程的大学，风靡世界的斯诺克发源于谢菲尔德大学，巴斯大学是英国第一所授予体育奖学金的大学。此外，英美大学服务社会的特色项目是开展校际运动会，牛津大学和剑桥大学划船比赛，每年吸引了来自全世界的关注，萨塞克斯大学举办的大型跨区比赛是圣诞节和夏季极受欢迎的活动，杜伦大学和纽卡斯尔大学的赛艇比赛也久负盛名。

三、基于大学内部组织变革的成果转化

学校通过在现有的组织体系中开办新专业、建立新学院、设置新的研究中心和成立跨学科单位等措施，谋求更综合化、更具有包容性的社会新属性。一方面，集中校内科研资源，搭建创新平台，形成研发合力。德国洪堡大学安道尔舍夫校区的本质是重构学校的院系，将实用性的学科和研究机构集中起来，通过和周边企业的直接对话，将知识成果进行更直接的转化，最大限度发挥协同效应。美国威斯康星大学麦迪逊分校建立了信息技术处，把几个小部门统筹起来形成全校性的新机构，重组教学设施并加强服务功能；另一方面，依托办学优势，增设新型服务机构。英国南安普敦大学设立企业与创新服务中心，鼓励和支持校园内的企业活动。爱丁堡大学成立研究创新中心，帮助研究机构或企业评估研究成果，申请专利并授权生产。

还有一部分大学直接承担起“孵化”企业的角色，或由大学研究人员、教师、学生等创办微小企业，为行业发展注入新的生命力。以欧洲顶尖大学的创新中心为例，由于欧洲大学的学生创新创业意识较为强烈，创新中心的作用之一就是把这些学生的创意和想法转化成为现实，并将概念产品产业化。牛津大学的Isis科技创新中心是牛津大学全资拥有的公司，也是世界上最顶尖的技术转移机构，该公司全面负责牛津大学所有的知识产权和技术转移、创业拆分、创业投资等事宜。20世纪80年代以来，加拿大高校教学科研人员的观念发生了巨大变化，他们纷纷走出校园，主动与企业合作，建立长期伙伴关系。不列颠哥伦比亚大学近年来通过与企业的科研合作，创立71家公司，吸引6.34亿美元的外来投资，为不列颠哥伦比亚省创造近千个就业机会。欧美高校服务社会发展的经验表明：（1）充分发挥大学科技创新优势，支撑传统产业集群更新升级，并引领高新技术产业集群成长壮大；（2）加强与政府、行业企业的合作，全面提高社会效益和创造经济价值；（3）建立科技成果转化平台，增强产学研合作的长期运行效益。对我国高校而言，应从四个方面进一步提升产学研协同服务社会发展的效能。

四、大学基本功能在更新发展中同频进化

（一）大学人才培养与产业的协同发展

国外大学人才培养与产业的协同发展，已经超越传统意义的、面向生产一线的技术技能型劳动力供给，而是以大学的高端研发型、创新型、应用型和创新创业型等人才供给的多样化和层次化为主要特征的高素质劳动力供给。首先，强调实践应用能力已成为提升大学人才培养质量的普遍共识。世界一流大学高度重视人才培养的实践能力，如牛津大学、剑桥大学、麻省理工学院、斯坦福大学等都要求学生掌握未来职业所必需的实用技能技术。其次，大学人才培养需要融入“干中学”“用中学”和“学中用”的客观情景。法国大学设有面向企业定向培养高层次复合型人才的企业博士学位制度。德国大学应用型人才的“双元制”教育制度及其培养模式，将学生学习与企业职业培训或技能实践融合一体，成为国际公认的人才培养典范。英国大学的工读交替制度要求学生学习

期间需要到与本专业相关的企业工作1~2年，为学生的知识习得、迁移及内化奠定了坚实基础。最后，大学人才培养的实践环节依赖企业的积极参与和援助。日本政府全面支持企业为大学培养教师和培训学生提供实践场所。韩国政府实施的“大学与产业合作领导者计划”主要针对领先行业的人力资源开发。加拿大大学注重强化学生社会实践和提高校企双导师比例。西班牙萨拉戈萨大学与西门子家电集团之间建立长期的合作框架用以改善学生实践教育模式，并从实践教育活动中获得人力资本收益。

（二）科学研究紧密联系企业研发前沿

大学与产业的协同发展已经明显呈现出科研服务机构复杂性和科研体系完备性的同步发展趋势。首先，在大学科研服务机构的复杂性建设方面，美国世界一流大学建立了各具特色的“概念证明中心”，如加州大学圣地亚哥分校的冯·李比希创业中心、MIT的德什潘德技术中心等，主要帮助解决大学科研成果与市场化之间的空白。英国剑桥大学成立了沃夫森产业联络办公室，负责协调各院系以及研究人员与产业界的合作，并提供技术咨询、市场分析、代拟合同等全方位服务；牛津大学和爱丁堡大学成立了全资子公司，专门负责技术转移转化管理服务工作。法国在大学中增设“成果转化服务中心”，负责大学科研成果转化相关的科研合同管理、专利和许可证转让等所有业务。以色列希伯来大学的伊萨姆（Yissum）技术转移公司，专门负责科研成果与先进技术的国际合作与转移转化工作，同时开展创业公司的创造与支持、技术转移教育与培训。新加坡国立大学通过技术许可和产业联络办公室，建立起发明创造与技术商业化相互协同的系统。其次，大学科研体系的完备性建设越发受到重视。美国较早建立了相对完善的法律、政策和制度来支持基础研究，美国世界一流大学均强调了基础研究的重要地位，更多地担负起了面向战略性新兴产业发展的基础研究职责。日本实施了注重基础科学创新的基本计划，推动大学加速基础科学的原始创新积累。

（三）对工程人才培养的要求日益提高

国外研究者认为，高校工程人才培养质量的理念经历了“回归工程实践”“大工程观”“整体工程观”等日益充实的变迁过程，这实质上是一个逐渐挣脱科学教育和技术教育的藩篱，不断迈向“工程性”“创新性”和“国际性”的质量特性皈依过程，更体现在重视工程思维训练、强调工程实践能力和培养工程创新精神。而欧盟国家工程协会联盟、英国工程师协会、美国工程认证委员会等国际工程专业组织对工程师的能力要求和认证标准，除了知识与理解、工程分析、工程设计、工程实践技能等“工程性”硬技能，还特别强调研究与探索、可迁移技能、终身学习、卓越领导力等“创新性”软技能，特别是跨文化、跨国际的理解融合、团队合作、交流表达等“国际性”普遍适应能力等。在高校工程人才培养质量的内涵解构中，“工程性”细化为知识专业性、实践系统性和素质综合性三维度亚属性；“创新性”分解为创新创业常识、创新创业环境和创新创业品质三个次级衡量系统；“国际性”分化为国际化能力和国际化经验两个核心要素。

第二节　国外高校应用型人才培养的经验

一、美国高校本科应用型人才培养

美国的高等教育经历了300余年的发展历史，目前已经形成了结构完整、规模庞大、多元立体的国民高等教育体系。美国对应用型人才培养起始于工业革命对劳动力素质、技能的要求。1862年美国国会通过的《莫雷尔法案》规定由联办政府拨地、给予经费，帮助各州建立赠地学院，培养工农业应用型人才。当时正值美国农业化起步之际，市场上非常缺乏农业技术、机械维修等相关专业的应用型人才。该法案不仅推动了农业科学技术的发展，还为各州培养了大量的农工应用型人才，迅速促进了美国的经济发展。1989年5月，美国国会通过《国家竞争力强化训练法案》要求全面优化应用型人才培养模式。伴随着欧洲新职业主义思想的传入，应用型人才培养开始强调普通教育与职业教育之间的“融合”“衔接”“过渡”。20世纪90年代，以诺顿·格拉布为主的美国学者提出了“新职业主义”思想，推行三个整合的教育理念，即学术教育与职业教育整合、中等教育与中等后教育整合，学校与工作的整合。其目的是改变以职业教育为终结教育的教育模式，提升学生的转岗就业能力。在美国应用型人才培养发展过程中，培养对象的群体不断扩大至普通群众，培养目标从短期职业需求逐渐转向长期的职业生涯发展，对应的规章制度不断完善，应用型人才培养质量与素质越来越高。

美国对人才培养分为以下两类：由大学培养基础理论性人才（如博士、硕士）和由技术学院、技术教育大学、社区学院和工程教育院校四类院校培养应用型人才。这些高等教育机构为美国社会培养不同层次的应用型人才，为美国社会经济的发展提供了充足的应用型人才储备。美国人才培养四年制培养的是工程型、技术型的应用人才。美国的高等院校培养的应用型人才具有人才培养职业化、课程设置地方化、培养机构多样化以及培养体系法制化等特点。从19世纪后半期开始，美国实行的是单轨制的教育制度，缺乏将职业教育与学术教育进行分流的作用。美国高中教育普及，学生毕业人数多，常规的学术教育并不能满足所有学生的需要。为了更好地整合职业教育与学术教育，美国高校推行从学校到工作场所的学习形式。1994年5月，颁布了《学校到工作机会法案》，加强学生的实践能力，同时人才培养的课程体系更加丰富，培养方式逐渐多样化。

美国的高校可以自主设置专业，专业的设置往往从地方实际出发，根据各地社会发展的客观要求。例如，有的高校设置的专业有：工程技术、商业经济、医疗保健、畜牧兽医等与社会服务密切相关的专业。每个社区大学可以设置已经确认的一二百种专业，开设几千种为社区服务的课程。专业的自主设置可以方便社区学院根据经济发展的具体情况来设置或取消专业，有利于更有效培养适合当地需求的应用型人才。此外，受到美国核心课程和自由选课制的影响，高校不但提供完善的核心课程供学生进行选择，还会安排相匹配的地方化课程与校本课程。随着经济发展和科技进步，一些专业的界限会越来越淡化。美国一些高校为满足和实现学生的特定兴趣和学习目标，允许学生在学校的专业外发起、提出、设计新的专业。这一规定为学生个性化发展提供了可能性。个人专业是美国高等教育中专业的一个重要组成部分，如果一个学生对某一学校没有的专业有兴趣，可以提出申请，申请说明自己的兴趣、专业发展和个人设计专业的具体内容，然后等待审核与批准。设置个人专业在加州大学推行最为普遍。个人专业更重视和强调的是学生学习的自主性和创新性，更适应学生的发展。这种灵活的专业和课程设置，一方面使学生掌握了专业知识和应用能力，另一方面促进了区域经济和社会发展。

美国大学重视对本科生创新能力的培养。美国高校会通过设立创新创业培养目标、制定创新创业管理机制等措施来树立创新创业教育理念，并使之内化于学生自身，成为校园文化的一部分，有效树立学生的创新理念。比如，美国百森商学院教育理念是用创业精神浸透学生，帮助学生发展创业式思维、冒险的愿望、抽象思维能力，培养他们的进取心、创造力，以及拥有将这一切变化为商机的能力。另外，大学还会制订本科生研究机会计划，让大学生在校期间参加由教师指导的研究计划。学生可以利用暑假和学期中跟随教师研究。计划的大部分在校内完成，也有一部分在校外完成。麻省理工学院有“本科生研究机会计划”模式，每年有2500多名学生和60%以上的教师作为导师参加这一计划。本科生4年学习期间几乎100%都参加过这一计划。学生在研究期间有一定的报酬，报酬有可能来自指导老师的科研基金，或者本科生研究机会计划管理办公室。美国的高校还积极搭建学生科研成果交流、发布平台。有的高校有专门的发表本科生论文的期刊，如加州大学的《伯克利本科生杂志》；经常举办学生科研成果的交流和庆祝活动，以及全国范围内学生科研学术年会，加强学术交流。

此外，美国高校会对接社会需求培养创新创业人才，培养学生创新创业思维。构建实践导向职业课程体系和跨学科育人教育体系，以及建设双师型的教师队伍，对教师的素质、道德、知识等进行全方位测评。在高等教育发展过程中，美国高等院校应用型人才培养生涯体系不断完善，强调职业教育不仅要注重课程的整合，还要注意培养学生的批判性思维和职业道德素养，关注学生长期职业生涯发展。并且随着科技飞速发展，大数据时代，网络教学、远程培训等方式使得人才培养模式由单一转向多样化。

最后，美国的应用型人才培养法制体系也在不断完善。出台的法律政策注重培养高质量应用型人才与市场所需人才进行无缝对接，加强校企合作利益相关者的联系，更好地提升人才培养质量以及激励各州职业技术教育的创新发展。

二、英国高校本科应用型人才培养

英国高等教育在19世纪前注重的是知识传授和学术能力的培养，随着19世纪一批由产业资本资助的城市学院的出现，打破了以往以牛津和剑桥大学等古典大学追求学术教育的单一格局。第二次世界大战后英国政府意识到人才对于国家发展的重要性，开始采取措施推动大学进行人才培养机制改革，加强大学与社会的联系、人才培养与就业的联系。2012年根据威尔逊爵士的调查报告，在知识经济与全球竞争的环境下，更需要有才能的人才资本、持续创新的产品和服务，而大学是这一切的源泉。此外，就业能力是大学申请者关注的首要因素，今天的大学领导者要确保毕业生具备就业所需的知识和技能，大学不能单独实现这一目标，必须有雇主参与行动。

英国大学普遍和企业合作，方式之一就是一些知名的企业参与课程的认证。知名企业往往代表的是行业内的最高标准，这类企业实施的认证说明对课程和人才的认可，并能够保证课程知识的前沿性与实用性。如思科公司认证桑德兰大学计算技术学院的课程；埃森哲咨询公司、英国广播公司等认证了曼彻斯特大学商业信息技术管理的课程。一些有实力的企业一起合作开设“公司学位课程”。如惠普与西英格兰大学建立了一个新的学士学位，学生需要参加惠普专家考试，获得行业内工作经验，最后获得学位和行业认可资格。英国的行业协会比较发达，有些专业化程度很高，如医疗、建筑、会计等。大学的相关学科普遍与行业协会建立联系，根据行业协会课程标准制订教学计划，学生修读了经学会认证的课程后，在获得学位的同时，获得法定相关专业资源考试的免试权，或可直接被行业协会确认具备规定的专业资格。

英国大学按照学科群组织课程，把主要课程与相关课程结合，课程分为群内共享的必修模块和选修模块，不同的选修模块对应不同的专业学位。例如，曼彻斯特大学会计学学科群包括会计专业及会计与经济学、会计与金融学、会计与管理信息系统三个专业的课程组合，各专业课程在第一学年开设相同的专业基础课，第二学年开始学生可以根据自己的兴趣和职业意向，分别选择后三个专业方向下的课程模块。学生也可以不选细分专业方向，那么他将获得单一的会计学学士学位。学科组合并非固定不变，而是可以按市场需要重新组合。

英国的大学对跨学科教育同样重视，有单科专业和联合专业之分，以联合专业为主。所谓的联合专业就是有双科专业、三科专业和主副修专业三种。双科专业由两个不分主次的学科构成。主副修专业由占不同比例的主专业和副专业组成，如约克大学“生物化学”，主辅修专业中主修、辅修学科的课程比重约占70%和30%，这种方式的优点在于两个独立但相关的学科内容，能够培养学生在复杂职业环境解决问题的能力。

英国大学培养学生的特色之一是个人发展计划和学术导师制。个人发展计划是学生记录自己学习过程和取得的进展，对自己的学习及成绩进行反思，并对个人的教育和职业规划发展做出规划，旨在帮助学生改进自主学习，发展在更大范围、更复杂任务和工作中取得成功的一般能力。学术导师则与个人发展计划相配合，新生在入学时被指定一位学术导师，导师在学生的整个学习过程中提供学术支持，包括对实习论文的反馈，每学期期末与学生讨论和评估其个人发展计划、交换看法、提出建议，对学生的成长起到监督和督促的作用。并且英国对教师采取发展性评价，在综合测评教师现有工作业绩的同时，会结合评价结果对教师后期如何教导学生提出反馈意见和合理化发展建议，保障学术导师的教学质量。

三、德国应用型技术大学的人才培养

德国的高等教育历史悠久，有500年以上历史的高校不在少数。德国应用型技术大学在培养目标、教学模式和教学制度等方面不断改革创新，形成了较为完善的应用型人才培养体系，成为德国高等教育体系的重要组成部分。

与综合性大学相比，应用型技术大学倾向于从就业角度出发，更关注专业发展的现实需求，突出专业的实际应用性。德国的应用型技术大学一般是地方性高校，办学宗旨就是为地方经济发展培养应用型人才，为驻地的经济、科技和社会发展服务；学校设置的基础课、专业课和其他跨学科课程都紧紧围绕培养应用型人才的目标，有机结合、层层递进、环环相扣。德国的应用型技术大学与当地政府、行业和企业互动频繁，专业设置紧密结合当地经济发展所急需的人才。

应用型技术大学的教学体系不是按照一般的学科体系进行划分的，而是按照职业进行划分的，即在掌握足够的专业基础知识与方法基础上，培养具有胜任高技术要求工作的专业能力的专门人才。其在学生培养中注重跨文化、跨学科的教育，拓展学科交叉知识。德国优势产业有汽车和机器制造业，因此，应用型技术大学设置与此相匹配的机械设计和制造专业。随着经济全球化和科学技术的快速发展，出现了越来越多的专业复合、学科交叉的行业，不少应用型技术大学设置了相应的复合型专业，如经济工程学、经济法学、经济信息学、应用语言学等。这些制度以培养学生坚实的专业基础和技术为出发点，同时锻炼学生的实践能力，使他们可以熟练掌握本专业领域的各种技能。这些专业的设置为区域经济科技发展提供了必要的应用型和复合型人才。

应用型技术大学的专业设置具有鲜明的行业性特征，重视学生的社会实践。德国应用型技术大学重视与企业行业、地方政府建立长期稳定的合作关系，根据地方经济与社会发展及时调整专业结构，因需而变，适时优化，受到了社会各界的广泛认同。很多高校明确规定：新生入学前要到对口的企业去实习，熟悉工作基本过程和增加对工作环境的认识。比如，马格德堡是大众汽车等汽车制造产业区，马格德堡应用技术大学就设置了机械制造、工业电子学、企业管理等为区域专业技术服务的主导性专业。随着知识经济的迅猛发展，出现越来越多的学科交叉行业，因此应用型技术大学广泛应用项目教学。项目教学的设计选题来自企业的真实需求，学生在教师的指导下独立完成市场调研、方案设计、作品制作及展示的完整实践过程。毕业论文的选题要求大部分来自企业实习过程中的真实问题，论文撰写有针对性，一方面锻炼学生解决问题的能力，另一方面将所学的知识进一步用于实践。同时，学校鼓励教授利用假期组织学生考察企业，举行学术旅行活动，以增强学生对实际工作环境和工作内容的了解，为以后工作打下扎实的基础。这种人才培养方式以企业培训为主，企业的实践工作与学校的理论教学密切结合。通过这种方式，学生不仅具有了扎实的理论知识基础，也掌握了较全面的职业技能，同时提高了应变和动手能力，在课堂上学习理论原理，在实践中丰富知识运用。德国的应用型技术大学做到了专业对口产业需求而设置，产业因专业人才而兴盛，使专业设置与产业发展之间相互支撑、相得益彰，形成了真正的良性互动。

除了常规的教学安排以外，不少德国应用型技术大学与企业合作开设“双元制”专业，与企业合作培养工程师。“双元制”是欧洲国家普遍采用的职业教育制度，其作为高校与企业行业共同参与的培养模式，在实施的国家中尤以德国最为成功，影响最为广泛。学校和企业通过高层次的密切合作、相互协调，共同成为培训主体。学生在校学习专业理论知识，在企业练习实践技能，而学校的教师在校负责讲授基础和专业课程，企业的师傅则负责在企业进行实践技能培训。“双元制”的制度安排，其对应的教师按照工作岗位和任务的不同大致可分为任职于校外社会培训机构的兼职实训教师，以及就职于学校的专职教师。兼职教师来源较广、数量多，占教师队伍的60%左右。“双元制”本身是德国职业教育的特点，这种人才培养模式被引入高等教育范畴中，通过将高校的理论教学与企业、职业学校职业培训相结合，与企业实际工作相结合强化学生实际能力的培养。就读“双元制”专业的学生，在高校学习开始时要与合作企业签订带有资助协定的劳动合同。各高校“双元制”专业的教学结构虽各有不同，其核心是教学场所、教学内容和教学承担者的双主体结构，通过这种双主体结构确保了高校与企业在人才培养上的密切合作。

四、澳大利亚综合性高校的应用型人才培养

澳大利亚所有的大学本科都是综合性的大学，其优势在于多学科的交融。2003年的“尼尔森改革”（Nelson Reform）促进了高校科研成果的转化以及市场化运作。21世纪以来，为国家创新体系提供良好的政策环境一直是澳大利亚遵循的原则。2015年，澳联邦政府颁布了《国家创新与科学议程》，进一步肯定了高校在科研创新中的核心角色，突出培养学生的实践创新能力。

澳大利亚大学的教学目标定位于通过广泛合理的课程，发展每个学生的智力和能力，使他们具备独立思考、分析问题和解决问题的能力。澳大利亚的研究生教育同样注重学生的能力培养，教师会引导学生阅读一些高质量的论文并鼓励学生对不同的观点进行讨论，以加深对问题的理解，通过头脑风暴的形式培养学生的创新和理论应用能力。

澳大利亚的理工大学实施以学科为基础，面向行业和产学结合的本科教育，它的课程模式主要由在学校的理论课学习和基于行业的学习组成。其中，基于行业的学习是理工大学学位课程的重要组成部分，也是其课程模式的主要特色

之一。在基于行业学习的教学过程中，学生、大学和行业三方紧密结合，使学生在具备一定的学术能力后，有机会在企业工作，并体会和熟悉工作环境。澳大利亚的应用型本科教育指的是面向技术的大学教育。该大学的战略发展方向是以灵活性的学习及终身学习为基点，开展综合性研究，探究勇于创新的大学文化和研究教学法，为不同的教育市场提供特定的课程，并通过伙伴关系提供全球化的服务。在此类教育中，特别重视学生的专业应用能力，强调面向行业、结合企业开展应用型的教育和培训。基于行业的教学方式是澳大利亚应用型本科教育教学的特色。

澳大利亚教学环节有讲课、辅导课、课堂陈述、讨论、作业、实践等。作业主要训练学生运用所学理论解决实际问题的能力。澳大利亚教师在讲授实际操作技能时，往往把重点放在实际操作与其支撑理论的联系上。以营销管理课程为例，这是一门实用型的专业课，学生可以学到很多商业活动中的促销技能。该课程的重点却放在理论介绍上，如产品的特征和分类、消费者的购买决策模型等，然后反复训练学生应用这些理论来选用合适的促销方式，而不是简单地把各种新奇的促销方式灌输给学生。这种教学方式训练了学生的应用能力，学生不但掌握了具体的操作技能，而且熟悉了具体操作技能背后的支撑理论，这样他们就有能力根据不同的条件灵活运用这些促销方法，甚至创造出新的方法。澳大利亚应用型大学课程一般只向学生介绍基本理论和概念，再开始重点训练学生应用基本理论解决实际问题的能力。但是教学内容的新颖性、理论深度和理论体系的完整性等学术指标不太受重视。这种突出培养学生应用基本理论解决实际问题能力的教学方法符合大多数学生的利益。绝大多数学生希望毕业后能找到一份理想的工作，学校认为解决实际问题的能力很重要，而了解更多、更新的理论知识对提高工作能力的作用并不大。

第三节　国外高校协同创新与人才培养的启示

社会对人才的需要是分层次的，是多种多样的，作为培养人才的大学，也有不同性质、类型和水准之区分。协同创新因为是科研、人才、学科和体制机制相结合的变革，会随之产生从科技领域到人文社会科学领域过渡，体现生产力和生产关系的变化。因此，高校协同创新发展的出发点应是针对行业企业在不同发展阶段的实际需求，构建与产业链相适应的集高端研发型人才、创新型人才和应用型人才、高级技能型人才于一体的人才培养体系链。

一、以打造科技平台为载体，构筑校企协同创新纽带

第一，打造产业技术研发平台和社会公共服务平台。首先，依托地方高校的国家级和省级重点实验室和重点工程研究中心，打破高校之间和高校内部院系的行政或组织界限，组建战略性新产品和关键性新工艺的多领域融合、多团队协同、多技术集成的基础研究基地和应用研究基地，形成研究试验、技术开发、工程化、产业化等创新链各环节之间的有效衔接。其次，依托地方高校国家级和省级重点学科，围绕战略性新兴产业需求，重点建设先进装备制造、新能源、新材料、信息科学、环境科学、生态农业及医学制药等特色“学科群”，以“学科群”为基础，推动地方高校与企业、科研院所联合组建传统产业创新发展研究中心、战略性新兴产业研究中心和各种跨学科研究中心、跨学科实验中心、跨学科教学中心等，逐步培育出引领区域经济增长方式转变和支撑产业结构调整的学术科技中心。

第二，打造高端人才汇聚与科技人才交流互动平台。首先，大力开展首席科学家工作站和创新团队流动站建设，把学科领军人物和战略科学家作为人才引进重点，推行“学术大师+创新团队”的引才模式，制定重点引进人才奖励方法，通过短期聘用、兼职、讲学、科研合作、技术入股、担任顾问等方式，吸引学科领军人物参与协同创新项目研究。如普林斯顿大学积极支持各院系与美国著名科研机构的合作，美国地球流体力学研究院就坐落于校园内，研究院的相当一部分人员担任了地球物理系的客座教授，从而也提高了地球物理等专业的教育水平。设立引进人才服务专门机构，做好引进人才的住房、医疗、子女入学、配偶安置等工作。其次，建立专业人才信息储备库，开展全方位、多渠道的教师、科研人员和管理人员交流互动，正如德里克·博克所言，教授们越来越不会在纯学术研究和应用性研究之间划出一条严格的界线，企业和大学之间一种更为常见的交流形式是科学家个人为企业充当顾问。最后，建立地

方高校与企业、科研院所的创新创业联盟与实践基地，开辟在外人才联系网络平台。

第三，打造高校科技成果转化和技术推广平台。首先，依托大学科技园，建立大学科技成果转化中心和产学研成果转化示范基地，提高科技成果转化率，培育具有自主知识产权的先进技术品牌和区域科技创新专利。例如，韩国政府不断支持和鼓励科研应用的商业化，浦项科技大学在浦项制铁公司和政府机构的支持下，一直寻求提高其研究的商业价值，并建立一个行政支持系统、企业孵化中心以及风险投资机制。其次，加快发展多层次、多渠道的科技成果交易市场，打造产品互联网推广平台和营销中心，完善实体市场和虚拟电子商务市场的服务体系。最后，广泛吸纳和整合社会科技创新资源，组建大学科技城，建立高新技术企业孵化基地、创新资源集聚基地和综合服务基地。

二、以对接产业集群为目标，打造高校分类服务模式

产业集群的发展是一个渐进的过程，按照生命周期理论，可以将产业集群划分为孕育、快速成长、成熟、衰退四个阶段。建构高校顺畅的协同创新体系是一项复杂的系统工程，必须明确政府、社会和高校的职责，充分发挥三者的聚合力量。

第一，充分发挥政府的引导与调控职能。一方面，持续推动行业划转高校与企业、科研院所联合办学，共同组建传统产业发展研究中心、战略性新兴产业研究中心和各种跨学科研究中心、跨学科实验中心、跨学科教学中心等，逐步培育出引领区域经济增长方式转变和支撑产业结构调整的学术与科研中心。另一方面，建立多层次、多渠道的科技成果交易市场，逐步完善高校科技成果转化和推广机制，打造产品互联网推广平台和营销中心，完善实体市场和虚拟电子商务市场的服务体系。

第二，引入社会力量支持高校科学研究。一方面，构建校友捐赠基金、企业风投基金、中试转化基金等高校科技成果转化多元融资体系。另一方面，建立社会第三方中介机构，发挥其信息沟通、技术评估、法律咨询、组织协调、知识产权服务等职能，不断推广具有自主知识产权的先进技术品牌和区域科技创新专利。

第三，组建大学科技城和区域大学联盟，建立高新技术企业孵化基地、创新资源集聚基地和公共服务基地，广泛吸纳和整合社会科技创新资源。例如，美国的常春藤联盟、英国的罗素大学集团、欧洲的科技型大学联盟、澳大利亚的八校联盟、加拿大的大西洋大学联合会等，这些大学联盟既可以优化配置大学科技资源，又能融合各大学的科技创新能力，形成强大的创新聚合效应。

第四，建立对接产业集群不同发展阶段的协同分类服务体系。针对孕育阶段的小规模产业集群，依托高校组建企业顾问中心和专家咨询团，全面提供产业科技立项、市场需求调研、企业经营管理等方面的决策咨询服务。针对规模和经济效益处在快速成长阶段的产业集群，应在高校设立校企联合实验室，建立技术转移中心和工程技术研究中心等科研机构，加强中试环节，设立高校科技与产业集群对接合作引导资金，拓展高校科技成果转化渠道，全面推动新产品、新技术和新工艺的产业化推广。针对成熟的大规模产业集群，实施创新联动战略，加强高校在行业重点工程项目、企业核心技术攻关和原始创新研发方面的力度，提升产品的科技附加值，注重打造品牌产品，产学研联合培育现代城市的新经济增长极。

三、以体制机制为根本保障，协调内外部需求与动力

第一，加强政府部门对地方高校协同创新的指导和管理，特别是在整体设计、质量监控、评价监督等方面发挥主导作用。首先，引导组建高校、企业和科研院所共同参与的协同创新管理机构，明确各方责权和人员、资源、成果、知识产权等归属，实现开放共享、持续发展。例如，为了管理大学新兴的知识产权和企业的研发合作，新加坡国立大学设立技术许可和产业联络办公室，该办公室以北美顶尖大学模式为基础，逐步建立了一个管理发明创造和技术商业化的系统。其次，组建协同创新的指导服务组织和专家咨询委员会，帮助高校协调各方利益，解决研究进程中的法律咨询、成果转化、专利申请投资融资、企业创办等各种问题。再次，完善协同创新效益评价体系，建立国家和省级重大科技项目的立项实施到成果转化的全程跟踪绩效考核制度。最后，推动地方高校科技资源优化配置，逐步形成竞争性项目和稳定支持有机结合的资源配置

方式，消除技术扩散和成果转化中的组织障碍，促进地方高校科技创新平台及仪器设备、数据资料的资源共享和成果共享。

第二，持续加大对地方高校协同创新的支持经费投入。首先，完善产学研合作税收优惠政策、贴息贷款政策，设立各类基金，支持和奖励科技人员向企业转让专利成果，加强对特色优势学科建设及重大科技创新平台的支持力度，设立风险投资基金。其次，设立政府和企业支持协同创新专项资金和高校配套资金，着重用于协同创新中心的运行机制建设和创新团队援引及培育。最后，设立政府科技专项支持经费，重点支持国家和省级重大科技专项中具有自主知识产权和产业化前景的中试项目。例如，墨西哥蒙特雷科技大学将科研作为学校的中心活动，研究的重点放在与国家发展密切相关的应用研究上，这样有助于学校从企业或者从政府获取科研经费。

第三，完善和深化地方高校与企业、科研院所协同创新的体制机制。首先，建立健全协同创新管理运行机制，探索建立合理的资源共享机制、利益分享机制、风险承担机制和退出机制，建立协同创新项目过程监控的“同行评议”机制和“第三方”评审机制，建立以重大科研任务为牵引的人事聘用机制，以高水平科学研究推动人才培养机制改革，完善学校全职、兼职教师从事企业、科研院所研发工作的考核奖励制度。其次，分类制订高校教师岗位考核和职称评聘的评价标准，完善以科研为主的教师岗位专业技术资格评审标准，对教师在科技成果转化和技术应用推广的绩效进行科学评定，鼓励对取得巨大经济效益科研成果的相关教师采取破格晋升。德里克·博克极力倡导“大学应该在评估教师晋升职务过程中考虑教师参与社会服务的工作业绩，应该允许教授们从事有益的社区项目，使之成为他们日常学术义务的一部分，以此作为激励机制”。最后，形成以社会经济效益和科技创新贡献为导向的多元评价机制。对不同研究类型、不同模式的协同创新项目建立相应的评价方式，对侧重基础研究的项目，从学术价值和理论创新进行评价；对侧重应用推广研究的项目，从促进行业技术进步、产生经济效益方面进行考量。

四、以分类培养人才为抓手，完善创新人才培养体系

第一，依托高水平研究型高校。针对电子信息、新能源、新材料等战略性

新兴产业，建立高端研发人才和复合型精英人才培养基地，设立专项资金培育和引进行业高水平师资，创新行业拔尖创新人才和卓越工程师后备人才培养机制，拓展行业企业重点领域紧缺研发型人才培养渠道。建立优秀人才选拔与培养的“试点学院”，积极开辟考察选拔学生的新途径，推进人才培养模式创新，改革教育教学方法，推动产学研协同育人，探索国际化培养途径。支持重点专业参与企业博士后流动基地建设，开展高校与企业、科研院所联合培养学术型研究生改革试点，推进“双导师制”。试点推行优势专业“本、硕、博”人才培养连贯制度，培养和造就适应现代产业体系和企业发展需要的高级工程师。加强工程硕士专业学位教育，引导地方高校强强联合，成立工程硕士专业学位教育联合指导委员会，在新兴学科、交叉学科的工程教育领域，建立工程硕士研究生联合培养基地。

第二，推动综合、理工、农业、医药等类型地方高校成为解决区域民生问题的核心。协同创新是地方高校科技融入民生和改善民生的重要途径，为解决民生问题作出基础性和前瞻性的贡献。首先，针对区域民生问题可能取得重大突破的医学、药学、农学、经济学和管理学等领域，大力开展医疗药品、现代绿色农业、环境资源保护和公共安全等涉及民生科技的基础性、前沿性研究，加强先进实用技术集成配套。其次，地方高校应树立统筹兼顾前沿科技与民生科技理念，促进非民生领域的科技成果进行民用改造和转移嫁接。逐步完善专利注册、商标注册保护等高校民生科技的知识产权保护体系。最后，支持地方高校采用订单式培养、工程硕士、在职研究生、为企业开设业余专业培训班等形式，帮助企业培养急需的专业技术和经营管理人才，为区域经济发展做好人才储备。

第三，推动艺术、师范、财经、语言等类型地方高校成为区域文化传承创新的关键。西班牙教育家加塞特认为，说到高等教育的职能，许多人都指专业学习与科学研究两件事，这恰恰忘记了高等教育的一个最重要的职能，即“文化的教学或传递”。地方高校通过特色人文科学协同研究和各类社会科学的创造性协同活动，能够不断传承并创新区域文化。首先，制订特色校级协同创新计划，结合地理资源、人文风貌、历史传统和民族组成等区域特点，引导地方高校组织设计和科学论证富有地方文化特色的协同创新起步项目。其次，地方高校全面参与国家文化产业的创新研究，努力构建文化产业学科与研究体系，针对区域民族文化、宗教文化、地方文化、边疆文化等开展具有文化特色的科研项目，促进理论研究深入开展。再次，加强地方高校文化相关学科建设，优化专业设置，积极开发具有地域文化特色的校本课程和教材。同时，组建地方高校文化人才培训基地，对地方文化艺术人才和从业人员进行系统和有计划的培训和在职教育。最后，集中地方高校力量打造中医药文化、汉语言文化、地方曲艺文化等特色文化国际交流项目和留学品牌，提升区域文化软实力，积极服务中华文化“走出去”战略。

第三章
地方高校协同创新的效应分析与机制改革探索

地方普通高等学校（简称地方高校）是隶属于各省直属管理的高校，以地方政府管理为主，主要服务地方经济社会发展建设。20世纪末，经过高校管理体制的调整，我国高校形成了中央和省级政府两级管理，以省级政府统筹管理为主的新体制。除少数关系国家发展全局的高校以及行业特殊性强的高校继续由国务院委托教育部、工信部和其他少数部门管理外，多数高校由地方管理或以地方行政管理为主。地方高校无论是学校的数量还是在校生数量，都占据了我国高等教育，特别是本科院校的较大比重，是我国高等教育的主体力量。由于历史等多种原因，地方高校主要以培养应用型本科生为主，教学类型上多是教学型、教学研究型高校。

第一节　地方高校协同创新的正负效应探究

协同创新是基于协同学理论的一种管理模式和组织模式创新，本质属性是一种协作组织内部的体制机制创新。探索地方高校协同创新问题，是全面深化创新驱动的全要素高效改革和制度精准改革，其本质是推动应用型人才培养整体的优化与重构，通过补短板、强弱项和补漏洞等有效改革举措，逐步化解高校人才培养的市场脱节问题和供需矛盾问题，从而达到“牵一发而动全身”的质变效果，形成高水平发展、可持续增长的大学供给新动能。

目前，地方高校人才培养的供给体系仍然存在结构性短缺与过剩并存、行业企业紧缺应用型人才供给不足等问题。一方面，高校人才培养的总供给大于总需求，过剩供给短期难以消化。当前，一些地方经济发展形势进入增速下行的新常态时期，在“三去一降一补”的改革实践中，传统行业企业的需求侧总量下降，生产要素产出率降低，导致用工减少或失业率增加。另一方面，地方高等教育人才培养存在结构性失衡。自高等教育扩招以来，地方高校曾一度盲目重复设置了一些人文、社会等“短线”“热门”专业，致使学科专业的存量结构和增量结构与产业结构布局、新业态的人力资源诉求不相协调。面对经济结构调整、战略性新兴产业发展壮大和传统产业更新升级的现实趋势，地方高校多样化的应用型人才培养的梯度和层次不够完善和丰富，人才培养体系链的连贯性、匹配性和针对性仍需加强，工程技术人才和工程研发人才等各类应用型人才培养的结构，与产业发展的实际需要存在一定的脱节或偏差。为此开展协同创新，壮大产业集群经济的多方联合行动，将对于推动我国区域经济发展和应用型人才培养产生积极效应。

第一，地方高校对接产业集群开展协同创新有助于拉动区域经济的增长。地方高校主动对接产业集群，一方面加快知识和技术的传播速度，促进地方高校人才培养和成果应用的辐射范围。地方高校的智力资本可以为企业提供专业知识以外如人才培训、法律、会计、审计等多方面的专业服务；学生也拥有在校期间就进入企业进行实践训练的机会，找到技术和实践的融合点，更好地为应用型技术开发服务。另一方面，地方高校对接产业集群有助于提供优质的服务支持和制度支持，企业不需要支付额外培养成本来使用地方高校高素质人力资源，提高企业在制度供给博弈中的能力和优势，并通过所提供的服务支持体系和特有的社会文化网络降低产业集群交易成本。同时，产业集群内企业的格局和发展空间相对稳定，地方高校将知识力量注入企业的文化资本，增加企业的信度，这在一定程度上影响着集群内相关企业的博弈格局。

第二，地方高校开展协同创新有利于孕育和培养创新文化。缺乏创新文化是目前制约企业、科研院所和地方高校向高水平发展的瓶颈。创新是一件艰苦的创造活动，通过地方高校与企业、科研院所，利用知识推动生产，通过市场检验知识，形成尊重创新的氛围，并视为自身发展的自觉行动，有利于彼此的可持续发展。一方面，创新作为一种人类的精神活动，是需求动力与客观条件充分耦合的产物，知识的原创性、发散性、共生性和产业集群的协同性、竞争性、互补性等特征不仅是创新需求的不竭动力，而且可以为创新活动提供良好的支撑条件。创新活动离不开地方高校的知识引领，更离不开以企业为中心的产业载体。创新活动的源泉是解决实际问题，是一种对现有知识的创造，属于精神活动层面，存在于一定的创新文化的氛围之中。地方高校对接产业集群更容易激发地方高校创新冲动和企业技术革新氛围。地方高校在与产业集群对接的过程中，因彼此熟悉业务往来和实际需要，使知识拥有者和实际应用者有了更多的合作默契，因而创新行为更易产生。合作创新为地方高校和产业增加了更多提升实力的机会，同时也使创新成果转化效率明显加快。另一方面，在开展协同创新过程中，地方高校会存在较为明显的共生关系。地方高校对接产业集群后，会使相关科研和技术信息被企业和地方高校较快地获得，使区域内的创新主体低成本地获取创新要素，并且低成本地对这些要素进行整合和使用。这种共生关系一方面可以不断鼓励教师采用新的研究视角和跨学科联合研发，解决产业中的实际问题；利用知识的互补性提高对接产业的服务水平，提高创新研发的成功率。另一方面，对接产业集群的过程也是将地方高校现有知识更新、资源重整的过程，地方高校在企业需求的刺激下，知识更新程度加快，人才培养模式不断创新。

第三，地方高校开展协同创新有助于提升区域竞争力。区域竞争力是指通过一定区域内的资源配置所展示出的整体经济实力。（1）地方高校对接产业集群，利用产业集群内部企业在空间上的集聚，将进一步强化知识的融合和特色学科的形成，引导地方高校错位发展，形成强化特色的自然机制，刺激地方高校不断提升自身的竞争能力。地方高校通过助推企业的研究高度和新产品的开发，参与企业的生产和运营，为企业培养应用型和创新型人才；在给产业集群内部的企业带来利润的同时，也为地方高校科研的深入提供充足的外部资金，对企业创新能力的提升和提高市场竞争力具有一定作用。（2）以知识为核心的对接模式，会为地方高校、科研院所和企业增强竞争力，企业因掌握最领先的技术而提高市场占有份额，获得更多利润，掌握了更多人、财、物等方面的资源，从而更有利于提高自身的竞争力。企业身处集群之中，在公共资源共享机制的作用下，知识流通得到充足供给和有效利用，因而更容易增强企业的创新能力，提高企业的创新优势，这种对区域资源有效配置的能力无疑是区域竞争能力的组成部分，为企业竞争力的提升带来更大的空间。（3）在一定区域内，聚集相应的影响是普遍而广泛的，集群内的科研机构、上下产业链涉及的企业、社会中介机构等都会在空间上相应集聚，按照市场机制的效率原则形成一种柔性生产综合体。

地方高校加强产业集群的协同创新在一定程度上促进经济的发展，但本质仍是一种利用地域空间聚集的“新制度”形式，自然也存在一定的系统性风险和负向效应。

（1）系统性风险随时存在。随着产业集群与区域经济关系的日益密切，产业集群对区域的反向作用力不得不引起我们的重视。产业集群的经济属性决定了它会有周期性的变化，一旦产业链中某个环节出现问题，多米诺骨牌效应将会使这种问题放大到整个产业集群，进而危及整个区域经济的发展。地方高校对接产业集群后必然受到其垄断性、公共性和信息不对称等特质的影响。目前，对接产业集群的外部保障机制尚不健全，地方高校对产业集群的风险认识还不充分，产业集群的外部性本身就构成了对地方高校的严峻挑战。

（2）存在自我超越的困境。任何产业集群的优势都是有限的，一旦发展到一定程度势必会面临自我超越困境。地方高校对接产业集群后，校园的文化传承与产业集群内的企业文化共生在共同的文化氛围中，发展到一定程度后容易陷入知识锁定状态，使产业集群弹性僵化、创新活力减弱，导致区域经济徘徊不前。地方高校对接产业集群后，如果选取的对接模式不恰当，地方高校的专业结构和管理机制就会与企业的效益要求产生矛盾，地方高校所推广的知识和培养出的人才，不适应区域企业的要求，这会造成极大的资源浪费，甚至会对区域经济的长远发展造成阻碍。

（3）创新创造能力受到制约。目前我国产业集群成长的市场环境不理想，产业集群内的企业缺乏集体行动规范，知识的外溢和技术的推广十分有限。地方高校所拥有的前沿知识在应用方面往往容易遭遇国内外企业的要求不同，进而打击了科研人员的创新积极性。特别是在地方高校与企业缺乏明确的分工情况下，对接过程中的知识产权维护和不健全的公共机制，都在一定程度上制约了科研人员的创新能力。

总之，地方高校开展协同创新是机遇与风险并存的校企合作新模式，本质上都是促进知识的利用和流动。我国地方高校开展协同创新的发展起步较晚，尚处于雏形阶段。应当结合国情，尽早出台关于对接合作的相关法律，明确产权责任；改革地方高校传统人才培养体制，调整学科布局和专业结构，加强应用型科研人员引进力度。同时，加速科技合作的第三方中介建设，加大高新技术研究投入，调动产业集群内的企业与地方高校产学合作的热情，充分发挥地方高校在产业合作及技术发展中的重要作用，为进一步提高我国产业发展水平和竞争力提供保障。

第二节　地方高校协同创新机制的问题分析

一、运行机制束缚着高校供给活力的释放

（1）协同创新的突破方向不够明确。一方面，受限于办学定位、人才培养目标、教学特色及学科专业结构等因素，艺术、语言、师范、财经等类型地方高校开展自然科学和工程领域的协同创新亟须发挥自身特色，寻找理想切入点，积极组建各类人文社会科学的协同创新起步项目；受限于固有协同育人模式，已有政策性文件多为教育部门制定，无法更好地迎合企业需求，高校对科技创新需求把握不准确，多集中于重大科技前沿和行业企业科技创新，缺乏在重大民生领域和民用科技项目寻找突破点，企业获得预期收益处于较低水平，缺乏高效执行力和协调力。另一方面，受限于高端人才和创新团队的人力资源保障和智力支撑，高校工程教育的突出问题在于工科专任教师缺口较大和教师工程阅历不够丰富。随着近年学校持续扩招，高校工科在校生规模日渐庞大，但专任教师数量增长缓慢且质量无法满足现代高等工程教育的要求，尤其是很多新进教师普遍存在“从校门到校门”“重学术轻实践”和“工科教师非工化”等先天不足。高校科技创新后劲不足，科技研发和转化平台建设滞后，缺少科技原始创新。

（2）协同创新的政策语境笼统。自2011年教育部、财政部联合提出协同创新理念以来，高校与企业、科研院所协同创新的探索不断增加，2019年教育部

认定省部共建协同创新中心64个，旨在进一步聚焦区域、行业战略需求，强化学科建设和人才培养。然而，相关法律政策侧重于宏观层面的规定，缺乏针对不同区域、行业和高校间协同创新的指导要求和具体规范，造成高校协同创新的组织失序状态。具体而言，地方政府出台的政策制度缺少前瞻性和可操作性，加之条块分割的管理体制及其隶属关系影响，由政府主导的“引企入校”“引企入教”和“引企入研”的企业全程介入制度及校企深度融合体系尚未完全成型。同时，协同创新政策对企业参与行为的约束力、规范性和激励性不足，由高校主导的协同创新活动存在利益失调、企业消极应付等问题。同时，大学学科专业建设与产业链关联不够紧密，尤其是大学在整合各类学科资源，以学科群服务产业集群的集中度、融合度不强，同时专业设置明显存在结构性矛盾。加上大学研究体系中的基础研究和应用研究不平衡，相当一部分研究属于基础研究，科技成果成熟度低，而部分应用研究属于“短、平、快”项目，与企业和市场的实际需求存在一定的时空失衡。

（3）高校成果从培育到转化的运行机制不畅。一是受条块分割的产教协同管理体制束缚，协同创新的组织协调工作较为困难。一些地方高校重点实验室和工程技术中心等重大科技平台开放共享程度不高，而一些企业的大型仪器和公共服务设备使用效率较低。二是缺少合理的利益分配和风险承担机制。一些科研项目在研究过程中出现三方人员的责任、权利、义务及福利待遇等问题的偏差，以及在成果归属权、成果转让及申报获奖方面的分歧和矛盾。协同创新本身就是一种风险投资和研发，存在着研究失败的可能性，三方对于项目失败的责任承担有畏惧心理，尤其是对于重大项目中试环节，缺少合理的风险分担机制。三是学生实习实训与企业就业需求的衔接机制仍不健全。受区域经济发展环境、企业薪资待遇、省内就业创业形势波动的影响，高校毕业生流动择业愿望与灵活就业意愿普遍倾向于省外生源地就业创业、薪酬待遇高的企业或就业创业政策环境好、支持力度大的地区，很少考虑留省就业创业，人才流失致使省内受访企业通过接纳高校学生实习实训进而签订就业协议，实现定向就业数量普遍较少。这使企业不愿加大校企协同育人的资源贡献和管理成本投入，大型国企“不缺人”和小型民企“留不住人”的供求矛盾显著。

二、成果的产出价值与转化效率存在偏离

（1）成果转化的供给质量仍需强化。协同创新本身是新供给形成和扩张的主要动力，高校科学研究新成果的持续技术改进、工艺改造和产品研发及迅速向市场、产业转化，并最终产生商业价值，这种迅捷转化流程不但能够提高供给的创造能力和形成新的供给质量，而且更是促进新供给形成与扩张的关键。伴随科技创新体系的日臻完善，地方高等教育科学研究正处于从量的积累向质的飞跃、从点的突破向系统能力提升的重要时期，但与面向现代化的高校科技引领支撑创新驱动发展的期待尚有明显差距。目前，我国绝大部分省份的高校科研成果转化率较低，尤其是高校技术转让合同数突破千项的仅有2个省份，而高校技术转让当年实际收入突破亿元的省份更是只有9个省份。这与各地方的经济发展活力、科技投入水平、政策体制环境以及高等教育科类结构、层次结构等有直接的关系。而规模庞大的地方高校由于产出的科技论文、成果获奖等指标性数量较多，成为科技成果产出“大户”，但由于高校组织的非经济属性使得高校科研成果的理论逻辑较为强烈，而对市场需求的敏感性较弱，可应用性和成熟度较低。同时，受经济与科研“两张皮”的体制机制制约，大量科技成果被禁锢在实验室或在科研人员评聘、评奖、考核、结项之后被束之高阁，能够转移转化为经济效益的较少，一些超前性的应用研究“成果”最终变成“陈果”。

（2）高校基础研究成果的产出规模持续增加，但知识转化后的经济效益却未实现同步增长，两者之间的离散性依然明显。当前，高校科研成果领域更多地流行“知识”概念及其高深属性而不是“市场”概念及其经济属性。通过对《2017年高等学校科技统计资料汇编》的数据进行统计及对比，可以发现，我国高校科研成果的专利授权数量和企业技术转让合同数量呈现逐年上升态势，但专利出售金额和技术转让合同金额则出现明显下滑状态，反映出了高校科研成果与企业市场的供需脱节。高校科技成果转化的政策细化分解、任务具体落实、执行效果督查和知识产权保护仍需持续强化，政府和高校对科研成果市场价值的宣传和介绍等推广方式比较单一，职业化的技术转化服务人员和专业化的技术转化经纪人数量明显匮乏，高校科研成果的多渠道筹资机制与研发支出结构亟待优化，具有社会中介性质的技术转移机构和创新创业孵化器的种类不够丰

富、数量还不充足、功能有待完善。

（3）高校主导的协同创新过程存在价值冲突和机制失灵。从组织层面来说，高校作为非营利性组织与作为营利性组织的企业之间在利益诉求方面存在天然差异，高校以提高人才培养、学科建设和科研成果三位一体创新能力最优化为目标，而企业以经济效益最大化为目标，加之缺少科学合理的利益协调机制、成本分担机制、资源共享机制和信息对接机制，导致各主体间的联结松动、貌合神离、协同创新效率不高。同时，高校统筹管理协同创新事务的专职机构存在空白，而且高校主导的各类协同创新中心缺乏有效的组织管理机制，普遍存在权力主体构成单一和创新资源封闭化、碎片化和低效化的状态。协同创新强调各个创新要素和创新资源能够在系统内无障碍流通、有效配置和充分共享，然而各类创新中心在资源获取方面仍然以计划性的资源统筹配置模式为主，没有突破各创新主体间的组织边界壁垒，加之缺乏必要的市场化外围运作机制，导致资源获取能力和整合能力不足。

三、协同创新过程中高校的自身内驱力不足

（1）促进各高校学科交叉融合、学术资源共享、师资队伍流动、科技协同研究及保障经费投入的高校管理制度尚不完善。高校教师的科研评价指标和绩效考核制度较为固化，科研课题的研究成果发表、奖项获取等级以及经费资助额度等依旧作为教师职称评定和晋升的主要标准，无法完全适应现代高等工程教育的实践性、工程性和创新性等要求。高校对科研成果的转化与推广应用重视不够，科研的奖励激励制度不健全，鼓励科研人员参与企业横向课题的内部环境尚待优化。经常出现研究人员流动受阻、信息共享不畅、资源利用不足以及利益分配不均、科技成果知识产权归属纠纷和研发失败责任相互推诿等负面现象，引发创新主体之间不愿协同、不会协同、甚至不敢协同的尴尬局面。其原因一方面是政府保障大学科技成果转化的法律法规体系尚不健全。虽然我国先后颁布实施了《中华人民共和国促进科技成果转化法》和《关于促进科技成果转化的若干规定》，但仍缺乏对大学科技成果转化的权利归属和知识产权保护的明确法规。另一方面是创新主体之间的科学合作机制仍有缺失，尤其大学与企业间基于利益驱动的自愿协同创新机制尚未成形。

（2）高校科研评价的分类化和社会化进程缓慢。高校科研创新已经突破象牙塔界限，开展基础原创性和应用普惠性相结合的“知识-技术”科研服务，但科研评价体系及其运行机制，却仍在象牙塔内徘徊、停留或进行着“封闭式”的自我更新。高校科研评价的组织者由于对基础研究和应用研究的创新规律认知不足，以及对不同岗位、不同学科教师创新行为的演进规律把握不准，导致科研评价中的课题、获奖等级制和专著、论文数量的“一刀切”制度，以及“一把尺子”衡量标准的顽疾始终无法扭转。同时，高校科研评价依然处于依赖内部资源的状态，社会化改革滞后，导致评价过程和结果的公正性和有效性受到质疑。一方面，同行评议缺乏社会监督，忽视了评审过程的回避原则和随机原则。在中国特有的人情关系场域下，同行评议常常因评价者与被评议人之间的利害关系而演变为“近亲评议”“人情评议”和“关系评议”，大大削弱了科研评价的公正性与公平性。另一方面，高校科研评价通常表现为自给自足、循规蹈矩的内部评审机制，在国家重大协同创新科研领域中缺乏国际化评价标准和国际同行评议，缺少国外专家、学科同行等外部学术力量的介入、干预和调节。高校科研成果的评价体系还不健全，尤其是缺失与学术型评价指标并重的产业化评价指标。受“职称科研”“考核科研”和“绩效科研”等功利化动机和短视效应的影响，大量高校科研成果的技术成熟度和商业化潜力不足，凸显了“点到为止”的阶段性特征与绩效“向心力”的形式化取向，即高校科研成果是一种基于学术标准化导向的批量生产模式，而不是聚焦行业企业生产力诉求的产业化生产模式。高校教师科研活动在取得项目结题、论文发表和成果评奖等既定目标后便戛然而止或被束之高阁，对科研成果的最终使用去向缺乏“热情”和专注力。

（3）行政权力与学术权力的边界异化，及其在科研领域的“暗中”博弈，成为直接困扰和制约科研评价机制改革的主要矛盾。科研评价本应遵循以科研成果的学术价值为评判标准的学术逻辑，但目前由于高校科研管理部门兼具科研评价的管理者和组织者“双重身份”，导致科研评价的管理制度与运行机制始终存在行政权力“越位”与学术权力“缺位”的复杂交织局面，并且普遍产生行政权力大于学术权力的失衡现象，导致科研评价缺乏科学性和公正性，缺失透明度和认可度。究其本质是高校科研管理部门，对课题、经费、论文、获奖等学术评价目标和具体指标要求的行政过度主导，以及数量、层次、水平等传统性和“等级化”的行政评价思维向科研领域的渗透和延续。

四、协同创新过程中高校外部的推动力不强

（1）政府缺乏真正激发企业参与协同育人的扶持政策和奖惩制度，以及明确的法律法规保障校企协同育人的双方利益，企业税收减免、接纳高校学生实习实训的补贴等已有优惠政策而未取得实质进展，普遍存在执行力度不够、监管与考核机制不完善或落实不到位等偏差。

（2）企业主动参与现代高等工程教育体系建设的积极性不高。多数企业不愿意大规模接纳学生实习实训，普遍存在“学校热、企业冷”的“一头热”现象。原因有四方面：一是企业经济效益的不稳定性和生产运行负担较重的现实，影响企业接纳高校学生实习实训的积极性；二是企业担忧学生生产实习过程中的人身伤害等安全隐患和安全责任问题；三是企业核心工艺流程、关键生产技术和重要研发技术保密等因素；四是高校和企业都存在学生实习实训资金支持有限等困境。例如受访国企均有严格完整的三级安全教育体系和责任体系，职工需经过严格的、周期的安全教育和岗前培训才能上岗，对缺乏系统的安全教育且仅在企业短暂停留的实习学生，企业的接纳意愿并不明显。又如，受访企业一个班组的30人的建制规模，使学生实习实训依托校友创业的企业或依靠原行业管理体制下的历史合作情结，在支付一定实践费用后才得以粗浅实施，零散的浅尝辄止和“走马观花”式的生产车间认知实习实训，使学生工程实践无法获得预期效果。

（3）协同创新的企业研发资金投入不足。对于医药企业而言，短时间内很难获得市场利益，大多数企业选择已经产生研究成果的项目进行后期市场开发合作，而对于项目前期研究的参与热情和积极性并不大。同时，一些中小企业，尤其是县域经济的新兴企业，由于受经济实力的限制，很难在科技创新上投入较大经费；而一些高科技和战略性新兴企业出于对投资风险的权衡，更将有限的资金集中于购买成熟技术的专利转让方面。最后，企业参与高校工程教育教学体系建设的全面性和系统性也存在缺陷。对比欧美发达国家培养模式“科学化”工程师和高级专业技术人员等参与高校工程教育的教学主体数量不足；企

业参与课程体系建设和应用知识讲授、联合指导课程设计和毕业设计等教育教学形式简单；企业参与学生校内模拟仿真教学和校外实习实训质量监控与考核评价体系不够系统；企业参与工程人才培养方案的研讨、制订、更新和修订等方面的专家随机性和变化性较大，所提建议仅立足于企业实际需求，缺少对人才培养规律的客观认识和学生知识体系建构的合理考虑。因此，校企合作协同育人不能达到无缝衔接，实现深度融合。

（4）高校社会服务的供给平衡尚未充分显现。我国经济增长方式的转变和产业结构的调整对提升地方高等教育社会服务的平衡能力提出了更高的诉求。然而，目前地方高等教育的供给平衡能力亟待提升，城乡高等教育统筹发展中的不平衡与不充分的根本问题尚未得到实质解决，地方高等教育服务区域经济社会发展的工作形式还比较单一，特别是服务对象较多地集中在主体功能区、主要城市圈、典型产业集群以及核心经济带等第二、三产业领域，潜力还没有充分发挥，优质资源的重心下沉还存在诸多障碍，缺乏对农业、农村、农民的“三农”民生领域寻找新突破的深层举措，以乡村为中心的广阔基层地域无法享受资源配置带来的切实效益。以辽宁为例，高校农业科学领域人力投入总体规模偏低。例如，2017年辽宁高校投入科技活动人员44303人，其中，自然科学领域投入5314人，工程与技术领域投入17998人，医药科学领域投入15140人，而农业科学领域投入1699人，仅占3.8%。此外，瞄准农业产业行业的高校省级协同创新数量也相对较少。地方高等教育供给活力不足与供给渠道单一等供给侧结构性矛盾所带来的问题主要表现为：高校服务乡村振兴发展的办学目标不清晰；优势特色学科仍处于零星、分散的服务状态，尚未形成协同合力；科技成果引领并支撑县域经济振兴发展的实际效能不佳；高校现代信息技术融入乡村发展的使用效益不高；参与基层政府的战略决策和乡镇企业发展的决策咨询能力较弱；鼓励师生服务县域经济发展的政策体系仍不完善等。

第三节　完善地方高校协同创新机制的改革对策

协同创新是由高校、企业、科研院所这三个基本行为主体构成，基本内涵是基于协同学理论的一种管理模式和组织模式创新，其本质属性是一种协作组织内部的体制机制创新。协同创新已突破传统的线性和链式模式，呈现非线性、多角色、网络化、开放性特征，演变为以多元主体协同互动为基础的模式。协同创新的多元互动模式更能反映现代大学的存在价值，这正符合布鲁贝克的高等教育哲学思想："大学既是一个崇尚学术自治与自由的'按照自身规律发展的独立的有机体'，又是不能摆脱价值评判，首先应考虑如何为社会服务的复合组织。"当前，我国拥有高等学校、科研院所、行业企业等庞大的创新队伍和丰富的科技创新资源。建立灵活、高效、凸显特色并有利于推动产学研协同创新的科研管理机制，实现科技资源整合与创新效益最大化，全面推进区域创新驱动发展战略，迫切需要高校突破内部科研管理机制障碍。

一、畅通高校外部协同发展的运行机制

外部机制主要是深化校政企人事管理制度改革，实现外部需求和内生动力之间的协调与平衡。政府牵头成立由校企各方参与的理事会及公共服务组织，明确机构的运作流程并完善规章制度，负责校企协同发展过程中的战略规划设计、重大事务协商与决策，促进人员、信息、资金等有效便捷地流动和配置，建立校企联席会议制度，健全共同决策和行业专家委员会咨询与监督机制。校企联合建立科研人员数据库，探索以重大科研任务为牵引的"校企互通，双向流动"人事制度，推行社会化的人员聘用与流动方式，促进大学与企业的人力资源共享互用。

第一，持续完善和落实政府对高校协同活动的迭代积累式政策。清晰划分政策的决策主体、区分政策的内容和边界，人力资源和社会保障、财政、科技、发展改革等省级政府部门，应协同调研、分别牵头制定有利于破解高校协同创新供给约束的要素、主体、关联、产业、区域、环境、开放和反馈等国家创新体系的微观分类政策，并通过科学、技术和创新等宏观政策体系的逐步完善、精准发力和任务分解，充分调动高校科研活动的意愿和热情。同时，人大、政协等省级政府部门定期开展对已经出台的支持高校科研活动的各项政策落实情况的督导和检查，并借此形成执行、维护、监督政策落实的良好制度氛围。

第二，加强政府对高校科研活动的战略领导机制建设。各级政府应积极将

高校科研活动纳入区域经济社会发展规划以及产业发展、城市建设和重大生产力布局规划，结合经济振兴规划、产业发展布局、创新驱动专项任务、乡村振兴、区域协调发展和可持续发展等重大战略部署，同步配套实施高校科研活动的创新模式“先行区”、创新文化“示范区”、产教融合“舒适区”、成果转化“政策特区”及其实施方式和重点项目；探索“科研活力型”“产教融合型”城市试点建设，立足高等教育优质资源聚集城市，优先支持具有完备科研基础、强烈创新意愿和天然行业属性的行业特色型高校与知名企业进行“联姻”，积极依托地缘优势打造立地式、扎根式的高校科研服务模式，形成“知识－技术－产业”的动态规模化能力。

第三，加强政府对高校科研活动的定向支持机制建设。充分发挥政府对产教协同合作的主导与调控作用，加强政府对校企深度合作的平台搭建、信息服务、有效监管与绩效评估，由政府牵头成立跨部门、跨行业、跨地区的校企合作常设管理机构和公共服务组织，健全联络、协调、督导、评估等各项校企合作工作程序，突破阻碍高校科研人财物等核心要素自由流动的体制障碍和组织壁垒，最大限度地整合区域内各方科技资源，夯实高校科研活动的长效运行基础。

第四，建立合理的产教协同利益分配机制，按照科技成果转化率的高低和产生经济效益的多少，完善高校教师参与企业和科研院所研究工作的考核奖励制度，使不同创新主体依照人力、物力、财力等资源贡献度和科技成果转化率来分配创新收益，充分激发各方积极性；建立科学的风险分担机制，设立风险投资专项基金，建立首购首用风险补偿机制和财政风险补偿转移机制，规避各创新主体对研发失败的畏惧心理；建立科技资源共享机制，推动各创新主体的先进实验仪器、大型研发设备、公共检测平台以及图书、文献和信息资源等的交互共享，避免重复建设和资源浪费。

第五，高校应强化研究成果的市场化导向，一方面，科研管理机构要以市场为导向，加强科研立项管理与策划，根据市场经济原则，做好选题策划。同时，以技术市场需求为目标，建设地方高校省级产业技术创新战略联盟，以及产学研合作及成果转化示范基地，打造科技成果转移转化载体。另一方面，建立科技创新团队市场化推广机制，建立高校科研项目、技术成果、专利发明等信息定期发布制度，并通过网络、媒体等加强科研成果宣传力度，畅通科研成果转移转化渠道，同时建立社会和行业企业科技需求信息反馈制度，促进高校科研与市场需求及时对接。

第六，建立企业参与的高校办学新体制。探索由政府单独举办高校工程教育转向为政府和企业共同举办，试点将社会声誉好、工程教育特色明显和产业契合度高的公办高校、工科方向二级学院或专业，搬迁至企业园区、工业园区、产业园区和高新技术开发区等园区内开展高校工程人才的立地扎根培养。探索建立股份制办学、校企共建办学、校企联盟办学、订单式合作办学、企业冠名办学等新办学体制，建设“引进校厂”“前店后校”等校企一体化的高等工程办学模式。支持企业联合高校建立满足实际需求的企业工程技术大学，以培养工业体系需求的全系列工程人才为核心，持续健全国家高等工程人才培养体系，切实解决高等工程教育与企业脱节的顽疾。

二、完善高校的内部资源整合管理机制

地方高校内部的资源管理机制还存在一些问题：（1）高校科技资源配置机制尚不完善。促进高校学科交叉融合、学术资源共享，科技创新及保障经费投入的资源配置机制有待完善。（2）高校人事管理体制机制尚不健全。高校科研协同攻关过程的研究人员流动、科研人员聘任及教师职称评定等人事管理制度尚不适应协同创新的要求，不同程度地存在“职称科研”“考核科研”等倾向。（3）高校科研评价机制存在偏差。高校鼓励科研人员承担和参与企业横向课题的内部制度环境尚待优化。教师科研考核未考虑不同岗位、不同学科、不同研究方向的教师工作特点，而过多关注专著出版、论文发表和获奖等级等指标。（4）高校科技成果转化机制尚未理顺。高校对科研成果是否具有产业化前景，以及如何加强成果转化的关注不够、应用意识不强。科研成果产业化成本过高，企业投入的研发资金没有获得应有的回报，导致企业参与研发的积极性降低。（5）高校科学研究与人才培养相结合的机制尚未形成。高校在协同创新基地、重大科技创新平台等建设过程中的科研与教学相融合的机制尚未形成。为此应该深化地方高校科研管理改革机制。

地方高校协同创新的顺畅运行和长远战略规划，不但需要破除条块分割的

产学研外部体制机制束缚，更要全面革新高校内部科研管理机制。

第一，探索建立以重点学科和特色学科交叉融合为导向的学科资源配置机制。地方政府要进一步加强对产业集群对接工作的开展，发挥组织机构中各职能部门的作用，协调好地方、高校与相关行业之间的关系，以全面协调地促进对接工作进一步开展，特别是要加强高校与地方产业集群对接合作协议的落实，真正形成各市政府、高校与地方产业集群间建立的“优势互补、互利互惠、平等自愿、共同发展”的合作关系。为不断加强划转院校与地方产业集群对接，使对接合作工作长期扎实有效推进，省政府及教育行政部门应成立专门工作组织机构，定期向各产业集群对接地方和对接院校发布我省主要产业集群的实施和进展情况以及对人才的需求状况等信息，组织召开地方高校与产业集群对接合作项目洽谈会，建立地方高校与企业合作的新机制；各地方或相应对接地方高校下设对接工作办公室，地方政府要为对接地方高校提供地方所涉及的、反映本市特色的大型产业集群的进展状况及人才需求信息等情况。

第二，建立起资源整合、共享和风险防范的机制，保障高校科技资源整合共享的权益和秩序。高校应进一步健全稳定的科技活动投入机制，设立高校协同创新启动基金，科研项目配套基金和发明专利奖励基金等专项资金，强化科研经费预算管理。出台推动校内文科实验室和理工科实验室联合建设的文件和规章，建立不同学科之间的实验室、资料室和实习实训基地等联合共建的机制，并实行优胜劣汰的动态管理与定期考核制度。健全科研经费保障机制，加强与社会企事业单位的横向联系，多渠道引入风险基金、校友基金、行业企业基金等多元化的社会资金，大力拓宽融资筹资渠道，完善科研经费的监督管理机制。

第三，形成分层次、网络状、动态性和开放式的多形态学科群生态结构。高校应推进各院系交叉学科和学科群的建设，积极构建层次清晰、布局合理的人文社会科学和自然科学相互支撑，理工农医协调发展的特色“学科群”体系，培育新的学科生长点，并在顺应社会需求的基础上培育新的学科生长点。创新科研经费管理办法，不断完善重大科研项目定额拨款和动态调整的机制，逐步提高科研项目中试研发阶段的拨款水平。全面开展科研经费的制度化和规范化管理，尽早制定出台建立在人员经费、公用经费和基本建设经费合理比例基础上的高校科研经费分配政策。

第四，建立以行业企业科技创新需求为导向的专业人才培养机制。应着力推动高水平工程人才培养机制改革，立足行业前沿科技发展和区域重大民生需要，通过建立协同创新中心、协同战略联盟、产学研示范特区等，实现基础研究、应用研究、技术开发和产业化的有机结合，将产业链－学科专业链－人才培养体系链无缝衔接，切实以高水平科学研究支撑高质量人才培养。持续开展专业学位硕士研究生培养综合改革试点工作，推动建立以科学与工程技术研究为主导的导师责任制和导师项目资助制，严格导师遴选标准与遴选程序，完善产学研联合培养研究生的“双导师制”，探索建立高校与科研院所、行业、企业联合培养人才的新机制，推行主辅修制、双专业制多项技能等级证书制和跨专业本硕连读等制度。探索建立行业企业与高校院系、学科专业之间的人才培养“联席会”制度，定期发布企业用人信息。

三、探索以创新贡献为主导的评价方法

第一，高校应探索建立以创新质量和贡献为主导，以服务贡献、创新质量和科教结合为重点的科研成果分类评价机制，构建学术价值、经济效益和社会影响三个方面综合考量的研究成果评价体系。一方面，针对应用研究成果建立以政府、社会、行业企业等用户为主的多主体综合评价机制；另一方面，针对理论研究成果建立由学术同行或第三方专业机构评价的代表作品、学科标志性成果等评价机制。赋予高校省级协同创新中心等产学研合作实体在科技人才引进、教师职称评定、人员岗位设置、薪酬管理、职务晋升和成果绩效考核等方面更多的自主权，尤其是健全人才激励机制，建立高校青年教师科技成果转化和服务政府重大决策的职称职务破格晋升机制。

第二，高校应采用多样化的科研成果评价方式和方法，将一般性评价与特殊性评价、内部评价与外部评价、过程评价与结果评价、定量评价与定性评价、学术评价与市场评价相结合，做到评价过程的科学性、系统性、完备性和可操作性的有机统一。积极引入第三方机构参与重大科研项目的质量监测与评价，建立科研项目的动态考核机制、常态预警机制和退出机制。通过基础研究和应用研究领域的制度协同改革，促进教师科研生涯发展的机会公平和过程公平。同时，高校要按照人尽其才、物尽其用的分类治理原则，基于教师科研利

益结构调整的逻辑，重置教学主导型、科研主导型、社会服务主导型、创新创业主导型等不同类型的教师岗位，及其各有侧重的科研任务承担规则和评价机制，通过科学制定不同学科、不同岗位教师的分类考核标准及其评价机制，最大化地激发科研创新动能。

第三，健全教师分类评聘体系，探索教学型、科研型、社会服务与推广型等不同岗位和不同职责的教师职称资格评聘制度，探索建立高校教学型教师的教学成果与科研成果互相转换的评价机制，以及教学型教师单列的职称评聘机制，逐步建立起与岗位相适应的教师专业化发展机制。遵循基础研究“周期长、见效慢”的普遍规律，建立职称评聘分开、劳动待遇相等的科研评价机制，尤其健全重大理论创新和原始技术创新的破格晋升与特殊评价机制。高校应依据应用研究“短平快”的特殊规律，建立即产即评、优产先评的教师职称分类评审制度及评价机制，注重将评价周期由静态固定向动态弹性转变。建立跨学科的综合科研项目牵引机制，通过不同学科研究人员的兼职聘任和短期借调，完善教师参与不同学科科研项目的物质补偿机制和本职工作考核机制，推动高校内不同学科院系之间的人才无障碍流动。进一步加强高校科研人员的学术诚信和职业道德监管，健全公众舆论监督机制，对学术不端者和科研成果造假者，应依法依规予以惩处。

第四章
地方高校协同创新的路径分析与实践策略

第一节　地方高校协同创新的定位原则

地方高校作为我国高等教育体系的主体部分，以服务区域经济社会发展为目标，着力为地方培养高素质人才。部分省份政府为做强地方高等教育，大力支持省属高校依靠自身特色积极争取相关中央部委的资金和资源支持，以从战略上最大限度破解其发展受限的不利局面，推动自己快速发展甚至上升为国家发展战略，形成：省属国家“211工程”重点大学、“省部共建大学”和地方性直属高校三大模式。地方高校多数是以教学为主的高校，正确定位事关发展方向和培养目标，进一步强化了高校应用型人才培养的目标意识，还原了高等教育任务之本原。地方院校除了考虑本地区社会、经济、科技、文化的发展情况来确立自己的办学目标以外，更主要的是根据本校的学科和专业优势、师资状况、教学科研条件来确定自己的办学目标。相对集中本校的人力、物力、财力，重点扶持那些原来就具有特色的学科和专业，重点建设一些本地区或省内外有一定影响的专业与学科群，要在某些专业和学科上形成自己的特色，在建设过程中要坚持以下五项原则。

（一）服务地方社会原则

地方高校是指隶属省级人民政府、位于地级中心城市并由省市共同投资建设的普通本科院校，这些学校主要面向地方经济和社会发展，培养当地急需的应用型人才。地方高校作为高等教育的一个重要组成部分，服务社会是其一项重要职能。地方高校要想生存发展，必须有其特色并取得地方的支持。因此，立足地方经济社会发展现状，培养地方急需的应用型人才，是地方高校应有之义，也是地方高校接“地气”的表现。地方是高校发展的根，没有根的土壤，会使地方高校失去“养分”，会使地方高校失去社会认同，变成空中楼阁。有的高校想走“高大上”路线发展，只会使地方高校在发展中趋同化、功利化。地方经济社会发展的总体形势如何，产业基础怎样，需要什么，能提供什么支撑等都是地方高校发展需要关注并充分研究思考的问题，为地方经济社会发展培养应用型人才，在服务地方经济社会活动中谋发展。如何立足地方，在服务经济社会发展中强化专业特色，吸纳地方资源，提升质量内涵，加快自身发展，都需要地方高校对自身进行正确的定位。

（二）整体持续优化原则

为适应社会对各类人才的需求，高校培养的人才也必须是多学科、多层次、多规格的。但对一所本科院校，尤其是新建院校来说，不可能满足社会对各类人才的要求，各校应根据自身的条件，从不同层次、不同学科、不同规格去满足本地区经济社会发展的需求，考虑办学目标的定位，实现整体优化。在相当长的一段时间内，地方院校尤其一些新建的本科院校应当定位在教学科研型院校，这就更要处理好教学与科研的关系。地方高校必须以教学为中心，抓好本科教学质量，全校教职工都要为这个中心服务。但是本科院校在以教学为中心的同时，也要抓好科研，以科研来促进教学，要处理本科教育与其他层次教育的关系。地方本科院校以本科教育为主，这是地方院校在培养人才层次上的正确定位。学校理应把提高本科教育质量放在重要的位置，尤其是新建的本科院校，办学条件正在逐步完善，本科教育质量亟待提高，在相当长的一段时间内，要以本科教育为主，尽量压缩专科教育，适当发展成人教育，并创造条件。在一些特色学科、专业，招收定量硕士研究生，以提高教育层次。

（三）人才培养多元化原则

随着高等教育大众化和经济社会结构多元化，人才培养要求以人为本，充分适应经济社会发展之需，在培养模式上体现多层次、多维度和多形式，以适应社会对复合型人才的需求。每个大学生的成长经历和社会期望、天赋禀性、家庭条件、兴趣爱好和学习成绩等是各不相同的；现代社会各个阶层、各个群体、各个岗位所体现出来的价值观、技术化、信息化能力结构和运行方式都是复杂变化的。这些对学校人才培养都提出了新的挑战，过去单一的、僵硬的、课堂填鸭式的人才培养模式显然不适应这种要求。只有人才培养模式多元化，才能使社会需要与个人发展两者有机结合起来，统一于学生成人成才过程，实现学生个性化发展，提高培养质量，适应社会需要。

（四）专业设置综合化原则

随着经济社会科技发展步伐的加快，传统的以培养专门人才为目标的面向狭窄的专业设置已显出许多弊端。许多专业设置多年如一日，不管社会发展变化有多快，在专业名称、专业结构、专业体系等方面始终沿袭传统的教学模式，不能适应社会发展之需。为了培养知识面广、基础扎实、学识渊博、适应性强的人才，必须对现有的专业设置进行改革，全面系统地考量经济社会对专业的新要求，充分考虑专业设置与地方经济发展所需专业支撑、与新兴交叉学科的建立与发展的匹配，综合考量专业的应用和发展，对专业设置重新进行系统的设置，保证专业的活力和生机。

（五）课程模式应用化原则

课程一般是指学校按照一定的教学目的构建的各专业教育、教学活动的系统。课程是教学活动中内容和实施过程的统一，是学校实现教育目的的一系列内容和实施过程的统一，是学校实施教育教学环节的核心部分，是培养学生创造力的重要改革途径和必经环节。所谓“课程模式”，是指在一定观念指导下课程的结构模式，包括课程设置、课程实施及其管理等环节内容。由于人才培养的目标内化于课程，学生在达到课程要求的同时也达到了培养目标。因此，人才培养模式要切实落实到课程模式上来，按人才培养模式的要求指导课程模式的建立与改革。地方高校以应用型人才培养为基本目标，在人才培养模式上倾向于应用性为主，如何在课程模式设置中体现应用性，是课程模式设置的关键。因此，在课程结构、课程模块、课程内容、课程教学等方面必须融入应用性环节，体现应用性特色，并且要将应用性贯穿在四年人才培养过程中，形成体系、系统，一以贯之，实现课程模式应用化。

第二节　地方高校协同创新的路径选择

现阶段，地方高校实行的是由地方管理或实行中央与地方共建、以地方管理为主的管理体制，因此，地方高校在特定的地域空间内具有从中心向外扩展的辐射力，在服务行业发展的同时也要顾及为地方经济发展服务，在满足地方经济社会发展对其需求的同时，继续发挥原来在行业主管部门办学几十年所积淀并形成的优势与特色，参与社会经济建设，在服务社会的过程中展现自身的发展实力和活力。

一、探索区域差异化的协同创新

第一，更新观念，寻求协同发展。要强化协同理念，推动大学知识研发和企业技术进步的协同，将两者互动贯穿产业链始终。一方面，应在产业链源头强化大学原始知识创新和行业核心技术研发的衔接，通过大学与产业集群共建一流的技术创新战略联盟和产品研发基地等形式，实现基础研究与应用研究的融合。另一方面，应在产业链终端推动校企协同研究成果及时转化为商品，政府要进一步完善促进科技成果转化的地方性政策和法规体系，为大学与地方产业集群的合作搭建信息沟通、技术支持、媒体服务等平台，全面打造创业苗圃、孵化器、加速器、产业园等类型多样的大学科技成果转移转化载体。同时，社会还要加强科技中介服务体系建设，重点培育一批第三方科技中介服务机构，实现经济效益和社会效益的最大化。推进大学与企业创新主体的协同，由大学、企业的各自为战向打造校企联动的区域创新体系转变；全面聚集区域科技创新资源，打破隶属关系不同的条块分割管理体制壁垒，着力构建国家重点实验室、工程研究中心和博士后工作站三位一体的大学研究平台，以及企业的技术检测和中试平台等二级科研机构共同组成的网络化、系统化，开放化的区域科技创新体系，促进知识转化为技术，技术助推产品创新的紧密结合。

第二，强化优势学科，推进特色化发展。地方高校要重视自身的比较优势，注重优势学科建设，要有所为、有所不为，集中力量，支持重点学科做强做大，努力形成一流的优秀学科群体。地方高校要进一步巩固和突出几十年办学历史中形成的行业特色，保持划转高校在行业内的不可替代作用。一是要按照建设高水平大学的目标，着力提升传统优势学科水平，保持传统优势学科在国际国内的领先地位，全力发挥院校在行业科技进步和高素质人才培养方面的引领和支撑作用；二是要密切跟踪本行业发展的最新态势，综合考虑区域经济发展需求、行业发展需求、教育消费需求，以及自身条件等因素，进一步优化学科结构，依托传统优势学科不断拓展新的学科和科研领域，围绕国家战略需求和区域经济社会发展的重大问题，积极培育新的学科增长点，形成新的特色和优势。

第三，地方政府应根据地方高校的特色、发展历史和综合办学实力，合理分类，区别对待，加强分类指导，避免趋同化发展，特别是注重引导地方高校适应国家和区域经济社会发展需要，合理定位，在不同层次、不同领域形成各自的办学理念和办学特色，使地方高校在为地方经济建设服务的同时，发挥最大潜能，真正起到引领行业科技进步的作用，逐步建设成为我国高等教育领域的高水平特色大学。地方教育行政部门依据地方高校的学科建设情况、实验室建设情况和高端人才队伍等情况，对地方高校的发展水平进行区分，并进行分层管理；将行业特色鲜明、办学优势明显的地方高校纳入国家高水平特色大学建设规划中，制定特殊支持政策；协助地方高校消除由于在发展过程中因学科设置特点而产生的在吸引人才、争取资源、扩大社会影响和提升综合排名等方面的不利因素；指导这些学校在办学过程中凝练、提升原有的优势特色，激发院校在行业特色办学发展过程形成新的学科方向，并逐步形成办学特色，进一步提升其发展水平。

第四，提升高校科技创新和社会服务能力。地方高校与其相关行业、专业领域有着紧密的联系，服务行业需求是地方高校的重要职能。在地方高校划转后，原隶属关系发生改变，由此带来的服务面向必然随之转变。这就要求划转院校必须从行业局限中脱离出来，在区域经济社会发展上找出路，密切关注地方经济社会发展对本行业科技及人才等各方面需求，并逐步与其建立起全面的服务关系，以立足行业、融入地方；要与经济社会发展紧密结合，在科技创新和社会服务中发挥更大的作用；要瞄准国际科技和学术前沿，围绕国家和区域重大战略需求，既鼓励广大师生自由探索，又组织团队联合攻关，大力推进原始创新、集成创新和引进消化吸收再创新；要强化高校和企业、科研院所的合作，推进产教协同用结合，加快高校科研成果向现实生产力转化；要围绕国家和地区产业行业发展，调整学科布局，增强服务能力，在促进当地经济社会发展中提升办学水平，在区域创新体系中发挥支撑和引领作用。

二、固化内、外部合作的制度保障

第一，政府应从维护企业利益维度进一步完善政策支持体系。首先，政府会同企业和高校共同制定出台《校企协同育人管理办法》《校企协同育人规范》等政策文件，明确校企协同育人具体标准和各项要求。持续对积极参与多样化、实质性协同育人的企业给予税费减免、土地出让、金融支持、人头补偿、人才援引和保险缴纳等政策倾斜。其次，加大对企业冠名和赞助的校企协同育人项目的培育孵化力度，全媒体、多角度发掘和宣传企业冠名的校企协同育人成熟模式和优秀成果，树立协同育人企业典型，多渠道推广协同育人成功经验，帮助企业树立社会责任品牌和形象。最后，完善高校工科毕业生多渠道省内就业的全程化、全链条的就业扶持、创业扶持和综合扶持等各项优惠政策和补贴细则，全面提高毕业生省内就业满意度，消除企业留人用人顾虑。

第二，政府强化监管职责与调控职能，推动已有激励政策和重点措施的科学实施和全面落实。首先，合署办公或独立设置专门处理校企协同育人及其他产教协同合作事务专职组织机构。积极聘请高校和企业的兼职工作人员充实组织机构，协调、解决和落实校企协同育人中的风险分担、利益分享、资源共享、人员交流等具体问题。其次，探索政府主导下的行业统筹工科优势高校协同育人新机制。按行业特色和原行业隶属关系，组建校企协同育人教学联合实体，建构校企、校校间的工程人才“游学制”培养新模式，推动学分互认、教师互聘和课程互选，形成校企深度培养具备全产业链知识和行业特色技能的“大工程”复合型应用人才新机制。最后，通过政府主导或委托第三方专业评估机构，常态化开展校企协同育人激励政策分类督查、检查，对落实到位的激励政策应总结实施路径，推广成熟经验；对正在推进落实的激励政策应检查执行程度、推进措施和预期时限；对未落实的激励政策，应重点查明阻碍原因和后续改进措施。

第三，推进校企协同育人管理与运行机制创新。校企协同育人长效机制的建构必须把握“以生为本”“成果导向”和“持续改进”等核心特征。(1)建立校企高层会商机制和定期联席机制。推动高校、企业和区域行业协会共同组建专家顾问团，加强校企协同开发以职业能力培养为核心的“学校课程＋企业课程”交叉互补教学体系的建设，建立校企合作项目、工作过程系统化和职业能力拓展等形式丰富的教学模式。另外，丰富校企联动开展创新创业育人机制，立足高校优势特色工科专业，定期开展校－院(系)两级科技创新竞赛活动，探索分阶段弹性创新创业培养机制，打造由企业赞助冠名的专业技能大赛、创新创业大赛等多样化校企活动品牌，拓展企业全程参与教育教学改革的深度和广度。(2)探索建立稳定、丰富的“零磨合”工程人才供给机制和人才培养需求预警机制。针对企业现实需求，调整专业培养标准，修订培养方案，优化培养过程和强化质量评价，及时增添企业前沿技术创新、生产工艺进化和生产流程优化等教学内容，强化校企联合编制教学大纲和增加特色教材数量，加强学生应用技能培训，完善就业岗位标准制定，实现专业链与产业链、课程内容与职业标准、教学过程与生产过程紧密对接。(3)将校企协同育人工作纳入行业人才发展规划。适时启动省级校企协同育人试点，遴选规模以上企业和若干工科优势高校，强强联合建立区域性综合实践教学平台及覆盖全产业链的模拟仿真教学基地，模拟企业真实生产环境和设备操控，注重学生学习、教师进修和企业培训的复合功能建设，全面提升协同育人的效果和效益。

第四，推动校企联合办学模式和高校办学机制创新。(1)探索高校二级学院或优势工科专业的股份制办学、校企共建办学、校企联盟办学、订单式合作办学、企业冠名办学等新模式和新机制，支持校企联合制订办学标准，规范办学程序，明晰双方权责，健全利益共享机制和风险分担机制。(2)探索建立“校－院－系”三级对接企业的合作组织体系和联姻网络，在高校层面建立校企协同育人专门机构和专职人员，负责教师企业挂职锻炼和学生实习实训等整体合作的日常联系协调；院、系层面设立具体项目组，负责教学计划、教学大纲、教学内容、教学方法、教学评价等具体落实校企协同育人行动的事宜。

第五，强化高校职能部门运行机制协同。在现代科技发展综合化和工程实践复杂化的趋势下，高校职能部门协同育人需建立角色协同和功能互补的大工程教育体系。教务部门应完善资源整合、文化融合、产学结合、过程配合的理论教学体系、实习实训体系、社会实践体系和创新创业体系，强化学生实践导向，尤其是实践学分和创新学分的教学制度建设，探索企业冠名、赞助和校企联办的创新创业教育模式改革，为校企协同育人创造更有利、更便捷的培育空间和创业环境。就业部门应完善就业统计指标体系和管理服务体系，加强就业追踪和信息反馈，探索学生企业实践与预就业相融合的帮扶制度，对企业实习实践表现优异的学生优先推荐就业。督导部门应健全校企协同育人尤其是学生实践能力质量监控体系，建立国际和国内第三方专业评估机构参与教育教学质量评价的制度，为校企协同育人规划决策和政策制定提供针对性、科学性支持。

三、政产学研合作的整体联动

当前，我国正处在转变发展方式的重要阶段，而制约现阶段发展的一个关键因素就是传统优势企业的自主创新能力不足，特别是自主核心技术、自主知识产权的缺乏尤为明显，如不尽快改变这种状况，将会极大地影响经济社会发展速度和效益的提高。而解决这一问题的最好办法，就是充分利用划转院校仍与行业部门保持的天然联系、培养的优秀行业专门人才以及所具有的科研条件，把行业部门、地方政府和相关企业的需求通过科技创新平台建设等途径有效地结合起来，实现划转院校的省部企共建。

第一，政府“搭台”，实现多方的共建共赢。要充分发挥地方政府的行政职能，在立足区域经济社会发展需求的基础上，向上监督做好地方高校与所在行业部门的联系工作，向下了解地方企业创新困境，全面统合各方需求，使各方更便利、更轻松地找到合作的共同点，能在更为广阔的范围内携手互动共进，共建研发团队，科研成果转化基地和实习、实训基地，建立人才交流及资源共享机制等，使学科专业建设与产业结构升级以及地方经济社会发展需求紧密结合起来。同时，还要根据产业结构、经济结构以及发展方式的转变等具体情况，着眼于区域经济社会发展需求，不断提升平台建设水平，要通过扩大交流范围，不断寻找新的合作机会，促进合作各方的共同发展，实现共同提高。以科技创新平台建设和产教协同联盟等方式促进省部企共建地方高校的新的发展条件，不断提升划转院校的办学水平，以推进地方高校的可持续发展。

第二，制定导向性优惠政策，支持产教协同合作平台建设。地方政府要设立专项资金及制定特殊政策，对地方高校予以倾斜和照顾，在学科建设、人才培养、师资引进、专项设备投入等方面以联合攻关、共同开发以及项目结合等方式，形成以资金和专业技术为基础、以市场需求为导向的优势互补、利益共享、相互依存、紧密结合的联合体。这样不仅实现了地方高校为地方经济社会发展服务的办学目标，也解决了企业创新能力不足的问题，加速高新技术对传统工业的改造，提高企业的自主创新能力，更提高了区域经济社会发展速度和效益。国家部委及中直企业要在特色学科、优势专业、重点实验室、工程技术中心、师资队伍、科学研究等方面，给予共建高校更多的政策扶持和资金投入，建立起互利共赢的共建机制，使地方高校在服务地方发展的同时，更好地为行业发展服务。

第三，加大政府财政经费投入。当前，地方高校正处于多学科快速发展的关键时期，地方政府要保证财政性教育经费投入比例，并应持续加大投入比例。切实重视国家级学科、重点实验室及国家工程研究中心建设，以及博士、硕士点建设，加大资金投入力度，以使重点学科建设与经济增长方式、调整优化产业结构、弘扬社会科技文化的需要紧密结合起来，涌现更多的知识创新、技术创新成果，实现更高水平的发展。为此，地方政府需要建立规范的财政转移支付制度，优化转移支付结构，加大一般性转移支付，进一步规范专项转移支付，建立起财力与事权相匹配的教育财政体制。2021年，辽宁省GDP达到2.7万亿元，具体完成27584.1亿元，仍位居东北地区榜首，同比增长5.8%，增速较全国平均水平8.1%低2.3个百分点，省委、省政府有能力也应当采取有效措施，为地方高校的高水平、快速发展提供有效的资金支持。

第四，多渠道筹措办学经费。随着我国高等教育体制改革的不断深入，教育财政拨款方式由过去单一的政府财政拨款方式，转变为多渠道的投资方式，即包括各级政府拨款、收取学杂费、开设校办企业、提供社会服务等诸多方面。对全省来讲，这个投入还是满足不了高等教育发展的需求，也正因为需求得不到满足才产生了学校发展的差异。为此，一定要进一步加大对地方高校的教育经费投入：（1）加大省政府的投入，也包括市政府的投入，要保证对地方高校的财政性生均拨款逐年增加，并达到国家规划纲要的要求；（2）盘活土地资源，开展土地置换，坚持一个校区办学，一所学校在一个城市不能同时搞两个校区；（3）解放思想，积极吸收社会资本办学；（4）发展校办企业，校办企业应该成为高校募集资金的重要渠道；（5）推动科技成果转化，使科技成果市场化、产业化，要彻底解放思想，转变观念，想办法挣钱，破除“等、靠、要”思想；（6）加强省部共建，落实共建资金。

四、厚植高水平人才培育环境

要实施人才强校战略，把发现、培养、引进杰出人才作为地方高校建设的战略任务，把最好的人才选拔和吸引到师资队伍中来，并充分发挥他们的作用。要放宽视野，用更多的财力、更大的精力、更有效的措施，汇聚一批具有国际先进水平的学术精英。

第一，引进高水平人才。为建设高水平的师资队伍，首先，地方院校要充分了解自身建设目标，并明确将来要建设成什么样的学校，需要什么样的人才，才能不盲目进行人才引进。其次，要制定吸引和稳定人才的具体政策和措施，只有合适的政策才会吸引更多更优秀的人才，为此要做好、做实人才引进的宣传工作、管理与服务等各项工作。最后，对引进人才进行再培养，只有这样才能留住和稳定人才，并能引进更多人才，以加速教师队伍整体水平的提升。要营造激励人才成长的有利条件，培育鼓励创新、敢于争先的学术环境，形成优秀人才脱颖而出的良好氛围。要依托国家重大人才培养计划、重点学科和专业建设、重大科研项目和重大工程平台，培养年轻的学术领军人才和中青年学术骨干，使高水平师资后继有人。要注重优秀教师团队和梯队建设，提高教师整体素质，为建设特色大学提供坚实支撑。以博士、硕士点建设为重点，培养一定数量的国内、省内、校内有声望的学科带头人，建设一支中青年学术骨干队伍。

第二，多举措提升青年教师工程实践能力。工科优势高校应加强青年教师工程实践能力的组织与管理，探索实施“青年教师工程实践能力提升计划”，推动青年教师职业能力与产业链需求的无缝衔接，强化校企协同育人“双导师”

评聘与考核机制，扩大高校工科专业任课教师和企业工程师双向互动、互聘规模。高校应完善青年教师基础入职条件和职业标准、在职培训和深造进修内容与周期、企业锻炼绩效考核与激励机制等制度。鼓励和支持青年教师进修与交流，促进其在交流培训后为学校的发展发挥更大的作用；改革师资培养与选拔机制，不拘一格选拔人才，为优秀拔尖青年人才更好、更快地成长创造有利条件。针对行业企业在不同发展阶段的实际需求，构建与产业链相适应的集高端研发型人才、创新型人才和应用型人才、高级技能型人才于一体的人才培养体系链。

第三，提供扶持性的倾斜政策。（1）健全人才激励机制只有稳定住人才，才会建设一支结构优化、素质优秀、富有活力、适应学校可持续发展的高水平教师队伍和具有核心竞争力的科技创新团队，为学校全面提高教育质量和自主创新能力奠定坚实的人才基础。（2）进行用人制度改革，调动人才队伍的工作积极性；加强学科带头人的选拔和管理，充分发挥其在学科建设中的重要作用；制定和完善高层次人才的优惠政策，努力改善高层次人才的工作和生活条件。

第四，提供扶持性的协同合作支持政策。（1）设立促进地方高校特色学科专业建设的专项经费，为这些高校的发展创造必要的保障条件，鼓励、支持地方高校加强特色学科专业建设，使其保持并不断增强既有的学科优势。对于划转院校来说，多年的行业办学积淀的学科专业特色已经形成了其自身发展的优势。这种优势就其行业来说，是推动产业结构优化升级的重要基础；对于所在地方来说，也有助于促进区域经济社会的发展。政府有必要借助专项经费对地方高校特色学科的经费支持，推动区域经济社会的协调发展。（2）对高校承担国家重大项目给予配套资助。鼓励和支持高校承担国家重大项目形成的自主知识产权向省内行业和企业转化，尤其是向高校参股投资的高科技企业转化或创办新的企业。通过配套资助，引导高校成为衔接国家创新体系和区域创新体系的桥梁和纽带。（3）设立高校科技与产业集群对接合作引导资金。用于资助有产业集群企业背景的应用研究和成果转化，做到“论文体现在产品上，研究结合在工程中，成果转化在企业里”，让老百姓切实感受到高校科技工作的贡献，得到实惠。（4）持续和稳定地资助高校基础研究。不断满足全省高校广大教师、科研人员从事科学研究的客观需求，更多地为高校教职员工，尤其是青年学者创造从事科研工作的机会，充分发挥省教育厅科技经费“育苗”的作用，引导高校广大教师、科研人员在自由探索的基础上，将自身的科研工作纳入各级政府科技资助计划，为重大科技成果的涌现及转化奠定坚实基础。

第三节　地方高校协同创新的实践策略

一、协同创新助推地方高校转型发展

地方高校转型发展中各参与主体的利益博弈直接影响了制度变迁路径及制度均衡状态。从教育主管部门角度看，其统筹规划并协调管理着各级教育的发展态势，希冀通过地方高校转型实现中国特色国际水准的现代化职教体系，弱化高校毕业生就业难与技能型人才紧缺的结构性矛盾，提升教育对发展现代化产业体系的服务能力；从地方政府角度看，增强对本地区高等教育的统筹力度，争取中央财政的专项经费及转型试点的政策红利，改善地方高等教育结构以提高对地区产业发展的支撑能力；从地方高校角度看，改善与其他类型高校竞争不利的格局，提升办学层次，提高生源质量，扩大办学自主权，完善创新创业教育体系以提高对市场的适应能力；从行业企业角度看，希冀提高地方高校人才培养的针对性，加强企业人力资源的开发并减少人力资源的使用成本，组建职业教育集团，扶持科研机构的资源建设以实现企业行业的多元化发展。

（一）地方本科高校转型发展的现状

1. 省级政府统筹推进地方高校转型发展

在国家不断完善顶层设计与宏观战略的部署下，国内省市的地方高校转型工作已经如火如荼地展开。粤、闽、鲁、辽等省份明确做出省级统筹推进地方高校转型发展的决定。如广东省设立“示范性应用型本科高校建设工程”，以重点专业和重点人才培养基地建设为切入口，明确应用型人才和技术技能型人才培养定位，支持地方本科高校转型发展；福建省出台《福建省人民政府关于改革完善高等教育治理方式推动高等学校内涵发展的若干意见》，提出“将省市共

建以市为主管理的本科高校和独立学院转型发展为应用技术类型高校”，重点举办本科职业教育。山东省以现代职业教育体系建设为契机，坚持把本科院校转型作为现代职业教育体系建设的重要内容，并以共建潍坊国家职业教育创新发展试验区为抓手，重点推进招生考试制度、校企合作动力机制等七项改革。辽宁出台了《辽宁省人民政府办公厅关于推动本科高校向应用型转变的实施意见》和《辽宁省教育厅关于支持有关高校和专业启动向应用型转变试点工作的通知》两个文件，科学统领地方高校转型发展。

2. 大力开展地方高校转型的试点工作

教育部以鄂、豫、桂等省份开展了地方高校转型的试点工作。教育部采取“示范引领、试点先行”措施，于2013年首批确定37所院校作为试点，于3~5年后完成试点，要求各省级政府负责制定各自的具体改革进程。湖北省教育厅先后批准武汉商学院、湖北医药学院、湖北科技学院等18所省属本科高校，向应用技术型普通高校转型的试点，力争改革办学模式，培养应用技术人才，使试点高校的“职业技能教育”特色更突出。河南省遴选了黄淮学院等5所高校，分别从平台建设、教材建设、实训基地建设、专业集群建设等方面积极开展转型发展第一批试点，又确定了河南工程学院、南阳理工学院等7所高校是第二批“整体转型试点”，安阳师范学院、郑州轻工业学院、信阳师范学院等3所高校为第二批“专业（集群）转型试点”。广西启动了11所1999年后新建的本科高校转型发展的试点自主申报工作，学校可以“整体转型”或“部分专业转型”。

3. 不断完善地方高校转型的推进机制

沪、津、皖等省市以出台高校分类管理办法为切入点，通过建立健全高校分类考核评价机制，引导部分本科院校转型发展。如上海市积极推进高校分类指导、分类管理改革，分三个层次完善地方教育体系“创一流，共建高水平研究型大学；重应用，促进地方院校特色发展；增投入，引导民办院校提高质量”。天津市出台了《市教委关于加强高等学校分类管理、分类指导、分类评价的指导意见》，重点探索实施高校分类管理、学科专业建设分类管理、人才培养分类管理、教师发展分类管理、科研分类管理、高等学校分类评价及建立高等学校分类拨款机制。安徽省通过立项研究具有安徽特色的各类应用型人才培养标准、专业标准、课程标准，重点实施覆盖各类高等教育的质量提升工程与学分制、主辅修制、小学期制、订单培养等教育改革，加强教师、经费等资源保障，完善报考率、就业率、成果转化率等高校评估指标，建立教学基本状态数据库，实行教学质量常态监测等系列措施，积极构建“一体化”地方高等教育质量保障体系。

（二）地方高校转型发展的现实隐忧

地方本科高校在变革重组、转型发展中容易产生“急功近利”“投机主义”“脱离实际”等三种倾向，具体而言：办学理念角度，各类高校办学特色不明朗，在办学规模、师资力量及人员待遇等一系列利益驱动下，展开了为积极申请专业硕士学位办学资格、盲目为高校更名升级的无序竞争；办学定位角度，地方高等院校分工不明确，未真正发挥培养应用型高级专业人才以服务于社会经济发展的职能，造成人才培养模式与社会需求规格的错位现象；专业建设角度，整体规划缺乏科学论证和合理布局，生搬硬套国内其他地方本科院校转型的创新模式和发展路径，专业的建设完善与区域经济社会结构的契合度不高；培养体系角度，重基础理论知识的教学而轻应用实践能力的培养，高校毕业生缺乏理论研究、实际操作、技术创新的复合能力，结构性失业问题越发突出；师资建设角度，对建设“双师型”教师队伍的重视程度不足，呈现出不切实际的追求高层次化的学术性师资队伍的建设倾向，实践实训、现场教学、实战指导能力薄弱；教学模式角度，维持教材、教师、课堂为中心的教学模式，对产教融合、校企合作的教学方法及讨论参与、探讨启发的学习方法与过程测试、能力评价的考察方法运用不足；科学研究角度，科研基础薄弱，总体实力较差，缺乏基于自身科研设备情况、教师科研水平及能力的切实可行的科研规划，对区域经济社会发展的贡献率不高；管理方式角度，自上而下的垂直型教学管理模式与地方政府及企业事务之间未实现有效对接，在管理体制机制、发展路径及运行模式上亟待系统化的改革，政府单一化控制下的转型资源配置效率较低。

转型涉及高等教育体系中数百所新建地方本科院校，直接影响高等教育的类型结构和人才培养结构，通过系统建构实现高等职业教育体系与学术型高等教育体系相平行贯通，构建相对完整的高等教育现代化系统，促使其实现高职高专院校与研究型大学的“夹心层”向“立交桥”的转变；人才培养模式以提升职业岗位能力为目标，以促进就业为导向，以服务社会为宗旨，强调缩短学校到社会、专业到就业的距离，实行区别于研究型大学与高职高专院校的发展战略，从而实现多样化的教育服务及教育产出，保证并拓展地方高校的可持续发展空间。

（三）地方高校转型发展的改进路径

目前我国经济社会处于转型升级阶段，人力资源开发结构则存在严重失衡，因而呼吁地方高校走出象牙塔，实现满足社会多样化需求的应用技术型人才培养模式具有积极的现实意义。地方高校转型发展的办学思路应瞄准区域经济社会发展需求，针对所属区域的科技园、创新区、产业带、经济圈等行业企业聚集模式的多样化人力资源和科技研发需求，推动专业链、人才链、对接区域产业链、创新链，提升地方高校服务产业结构调整、经济发展方式转变、战略性新兴产业发展壮大的人才供给支撑能力和科技创新贡献能力。

1. 加强政府组织领导职能，完善相关政策的制度保障

政府各行政部门应联合研究制定地方高校转型发展实施细则和配套举措，更多地运用法律法规、政策、标准、公共财政、信息服务等手段，完善制度设计，开展地方高校转型发展的全程督导检查，强化奖惩机制和问责机制。明晰政府部门的职责权限，完善和落实教育行政部门的“权力清单”和“责任清单”，深化教育行政审批制度改革，探索实施地方高校依法自主办学负面清单管理，清单之外的事项由高校自主行使并依法接受政府、社会及校内监督。扩大社会第三方中介机构参与地方高校专型发展的教育质量评估渠道，培育和扶持一批具有独立法人的社会机构和高校专业评估机构，从高校、行业企业、行业协会等机构遴选建立评估专家库，建立专家队伍动态调整机制，加快推进评估工作队伍的专业化、职业化建设，通过购买服务、联办协作等方式，让更多的社会机构进入地方高校转型发展的评价体系。探索建立地方高校转型发展的分类评估方案，科学设计高校分类评估的指标体系，健全高校常态评估机制，同时完善高校办学质量监测制度和监测标准，组织构建质量监测大数据库和信息系统平台，开发相关软件和监测工具，健全教育评估监测的公示、公告、约谈、奖惩、限期整改和复查制度。

政府应大力推动地方本科高校成立转型发展联盟，制定联盟章程，明确联盟性质、目标、任务和责任，重点探索建立联盟高校之间的专业课程互选、学分互认、教师互聘、资源共享机制以及产教融合办学机制。同时，依托专业研究机构或地方高校转型发展联盟组建“地方高校转型发展战略研究中心”。重点开展地方高校转型发展的政府政策保障体系、社会督导、现代大学制度建设、应用技术型人才培养模式等重大专题研究，系统研究欧美国家应用技术大学建设或其他省市地方高校转型发展的模式、机制与保障等经验，进行应用技术型高校发展数据库和资料库建设。

2. 完善成果转化体系，提升应用研究和技术创新能力

学科优势明显、特色显著的地方高校应与市县政府围绕先进装备制造、钢铁、冶金、石化、医药、电子信息等大规模产业集群，共建一批专业化的工程研究中心、科技成果孵化机构、技术转移示范中心和公共检测中心，实现高校与企业创新要素、创新资源和创新团队的相互衔接。政府应鼓励地方高校在大型企业推广集技术研发、成果转化和人才培养于一体的校企合作新型研究院模式，推动地方高校教师融入企业，企业研发人员入驻校园，实现人才的无障碍校企流动。地方高校应重视培养和招募熟悉科技成果转化流程，及知晓相关法律法规的职业化、专业化的机构从业人员，不断提高员工的职业素质和业务水平。完善高校科技成果转化机制，鼓励高校教师、研究人员和技术人员以技术咨询、技术服务、技术开发、技术转让、技术入股等方式参与企业深度合作。

3. 推进现代大学制度建设，建立企业深度参与的治理结构

建立健全地方行业企业和科研院所广泛参加的高校理事会（董事会）、专业指导委员会和教学指导委员会等多样化制度体系。探索实行混合所有制的联合办学、与行业企业共建教育集团或在产业园区办学、与行业企业共建二级学院或优势特色专业集群。扩大地方高校二级学院自主权，鼓励学院与行业企业合作，充分发挥利益相关者在地方高校转型发展过程中的战略规划制定、办学合理定位、校企深入合作、人才供需监控、教育教学质量保障、学科专业建设、职业资格制定以及课程开设与教材开发等方面的参与作用。地方高校应密切跟踪区域三次产业发展和行业企业转型升级的趋势动态，把专业增减设置作为转

型发展的切入点，构建对接产业链、创新链的专业结构体系。同时，将有限的教育、科研资源向服务区域支柱产业集群和战略性新兴产业发展的应用型专业集群集聚。地方高校应立足行业科技进步和企业核心技术，通过设计应用型课程体系，优化实践型课程结构，整合技能型课程内容，持续深化以校企产教融合和高校、企业、科研院所协同育人为突出特色的应用型人才培养模式改革，形成突出学生实践能力培养特色的课程群或课程模块。

4. 深化创新创业教育改革，系统建构地方高校创新创业教育体系

完善人才培养质量标准，将创新创业意识、创新创业能力和创新创业成果列为评价人才培养质量的重要指标。创新人才培养机制，探索建立高校、行业企业和科研院所的协同育人新机制；建立创新创业学分积累与转换制度，实施弹性学制，允许学生保留学籍休学创新创业。推进创新创业教育与专业教育的深度融合，优化创新创业课程设置与结构，加快创新创业教育优质课程信息化建设，逐步健全融课堂教学、自主学习、教育实践、指导帮扶为一体的地方高校创新创业教育体系。加强创新创业教育师资队伍建设，建立创新创业导师库，积极聘请兼职知名科学家、创业成功者、企业家、风险投资人等各行各业优秀人才，提升创新创业指导服务能力。加强专业实验室、虚拟仿真实验室、创业实验室和训练中心等创新创业平台和实验教学基地建设，搭建跨学科、跨专业的产学研联合创新创业教育实训平台。

5. 融合国际化的办学理念，探索地方高校转型发展的国际化办学思路

地方高校转型发展必须针对打造东北亚高等教育国际化区域中心的战略规划，从扩展国际视野、深化国际理念、借鉴国际模式、打造国际水准和提升国际地位等方面突破，并从大力开展高质量中外合作办学机构和项目，继续实施高校领导、教师、学生的出国访问访学，多渠道吸引海外留学生来华访学，积极推进高水平外国专家和学者的引进，开展重大科研项目的国际联合研究，推动学科专业、课程、教材的国际化模式建设等，全面开展多领域、深层次、高质量的对外交流与合作。同时，在国家框架下开展与德国、英国、美国等国知名应用型技术大学的合作，通过借鉴先进的办学理念，引进师资、课程、教材等优质教学资源，积极探索遵循国际化产业分工的人才培养途径，利用国际合作优势，研究提炼国际上应用技术大学人才培养的成功经验。

二、加强区域高等教育发展战略规划

区域高等教育发展战略规划是基于区域经济社会发展水平和高等教育实际状况而进行的系统性、整体性、复合性、前瞻性、科学性和统领性设计，其现代体系由目标愿景、方案规制、价值取向、实施举措和编制流程五个要素组成，主要定义为由“高等教育发展战略”与“高等教育规划”两种体系融合而成的新型概念与实践模式。区域高等教育发展战略规划具有系统性，主要包含战略思想、战略目标、战略阶段、战略重点、战略措施等结构要素。区域高等教育发展战略规划具有整体性，主要表现为区域高等教育国际化、信息化的发展战略规划，优势特色学科发展战略规划，研究生教育发展战略规划，以及各级各类高等院校发展战略规划的相互联系与合理衔接。区域高等教育发展战略规划具有复合性，因此，区域高等教育发展战略规划的制定，还要处理好发展目标与准确定位、重点建设与协调发展、统一要求和特色发展的关系，进而支撑不同区域经济社会发展需求与引领区域高等教育科学发展。

（一）区域高等教育发展战略规划的缺失表现

1. 规划设计的趋同性

区域高等教育发展战略规划的研究、制定与实施，是根据国家教育行政部门的宏观战略规划和具体规章制度来运行的，这使得各区域高等教育发展战略规划产生相同的结构文本与运行程序。如各省市均以国家教育规划为蓝本，包括规划背景、指导思想、基本原则与发展目标、发展的主要任务和保障措施等内容，笼统地、粗浅地进行区域高等教育发展战略规划的设计和建构，缺乏必要的模式更新、架构优化和思维创新，这时就形成强制的一致性。

2. 参照标准的相似性

经济发展水平较低或高等教育综合竞争力较弱的行政区域，在制定高等教育发展战略规划的过程中，不约而同地模仿高等教育声望较高、发展水平和办学质量较好的区域高等教育发展战略规划，脱离本区域的现实基础，缺乏本区域的特色。

3. 运行规范的一致性

教育发展战略规划某种专业标准或专业规范在区域高等教育规划组织实施中传播或流行，就会产生规范的一致性。如各区域高等教育发展战略规划的组织实施主要采用调研、研讨、会商、督导和反馈等传统形式，缺乏现代化、大规模的信息技术使用与服务决策。

4. 决策行为的"有限理性"

高等教育的价值取向、培养目标和教育理想是多元的，不仅受制于生存环境的政治、经济、文化、生态等多种因素制约，而且长期处于变动之中甚至彼此矛盾、博弈的状态。由于组织管理者的知识、信息、经验和能力的有限性，使得区域高等教育发展战略规划不可能达到绝对的满足与合理，无法构建最佳方案，也无法完全预测全部方案的实施绩效，致使区域高等教育发展战略规划的弹性空间狭窄，不能完全动态化地适合区域经济增长方式转变和产业结构优化调整的新发展。

（二）建构区域高等教育发展战略规划的现代体系

1. 经济一体化的关系重构，目标愿景应适时转变

随着京津唐经济区域、环渤海经济区域、东三省老工业基地、长三角经济区域、珠三角经济区域、武汉城市圈、长株潭城市群等区域性经济联合体的形成与发展，区域经济的一体化进程已成大势所趋，极大地促进了商品、资本和劳务的自由流动，生产关系变得灵活丰富。因此，区域高等教育发展战略规划目标愿景，应实现从单项适应向双向互动转变。

第一，区域高等教育发展战略规划的近期目标应凸显高等教育与区域经济社会发展的协同性。通过努力消除区域高校之间、高校与企业和科研院所之间、高校与政府之间的协同发展体制机制障碍，着力解决条块分割产生的利益固化弊病，实现区域内高等教育利益相关者的互利互惠、协调发展、人才联合培养和资源优化配置，最终形成高度协调统一的高等教育区域中心，全面服务区域经济一体化发展。

第二，区域高等教育发展战略规划的长远目标应具有服务区域经济社会发展的延续性。通过全面构建现代职业教育体系，举办多种形式的继续教育，提

升再就业能力和终身学习能力等战略系统设计，把握区域人口流动的规律和方向，将区域内因城镇化进程而引发的剩余劳动力人口负担转化为多层级的劳动生产力资源。同时坚持两个领域的齐头并进，即在教育形式上坚持学历教育与非学历教育并举，在办学形式上坚持公办高校与民办高校并举。

第三，区域高等教育发展战略规划实施载体应具备适应不同区域经济组织的特色性。根据各区域参加经济一体化的具体情况、客观条件以及不同经济主体的目标要求，一方面，针对国际市场的区域外贸型经济，遴选建设高等教育国际化和现代化试点区，全面引进国际优质高等教育资源，采用国际先进的教育教学技术和媒介载体，联合共建国际化的高水平大学和特色学科；另一方面，针对国内市场的区域本土化经济，遴选建设高等教育管理体制改革试验区、高校学科联建特区、高校产学研战略联盟特区等实践载体，创新管理体制和运行机制，全面引领教育内容、教育模式、教育方法和教育评价等环节革新，大规模积聚高校智力资源和创新资源，全面增强高等教育对区域经济一体化进程的科技辐射力和智力支撑力。

2. 产业集群化的方式变革，方案规制应及时转型

当前，国家宏观经济发展形势进入从要素驱动、投资驱动向创新驱动转变的新常态阶段。新常态下的区域经济正在“换挡减速”，需要加快实施创新驱动发展战略，加快创新体系建设和创新能力的提升，培育和催生区域经济社会发展的新动力。因此，区域高等教育发展战略规划应由全面的、全局性的方案制定向特色的、指向明确的规划转变。

第一，对于以不可再生资源开采为基础的煤炭、冶金、石油等资源型产业集群，区域高等教育发展战略规划应以高校社会服务策略转型为关键，将传统的粗放式产学研合作政策转向绿色环保、生态平衡、公平效率的集约式科技创新政策。

第二，对于以电子信息、生物医药、新能源和新材料等为核心竞争力的创新型产业集群，区域高等教育发展战略规划应以高校科技创新策略革新为重点，推动各级各类高校与区域内企业、科研院所建构多元化的协同创新组织模式，逐渐完善促进高校科技成果迅速转移转化，校企联合开展行业核心技术攻关，高校、企业、科研院所的人力资源无障碍流动，科技成果共享与研发风险共担等运行机制。

第三，对于农业、手工业、先进装备制造业等行业技术更新升级的传统型产业集群，区域高等教育发展战略规划应以高校人才培养策略融贯为核心，构建“产业链－学科链－专业链”连贯衔接的人才培养体系，打造高校学科专业集群对接产业集群模式，使高校的人才培养能够满足传统型产业集群不同发展阶段的现实需求。

3. 价值多元化的持续博弈，价值取向应和谐共融

价值取向的争鸣与共存是高等教育发展进程中不能回避的焦点问题。因此，区域高等教育发展战略规划的价值取向应注重由一元化向复合化转变，既要体现高等教育的主体价值，即教育对人的个性化，又要满足高等教育的工具价值，即教育对社会的贡献化。

第一，区域高等教育发展战略规划的人才培养规划应坚持“立德树人”的价值取向。通过教学体制的创新设计和制度优化，促进人文教育与科学教育、通识教育与专业教育、大众教育与精英教育的育人理念整合，实现育人为本、德育为先的教育根本任务。全面提高国民的思想道德素质、科学文化素质以及身体心理健康素质，不断提高他们的劳动技能和创造才能。

第二，社会服务规划应坚持“协同创新”价值取向。通过高等学校、行业企业和科研院所组建多样化的协同创新模式，打造功能齐备和类型丰富的协同创新载体，促进理论知识与应用知识、基础学科与应用学科、自然科学与社会科学的紧密协作。

第三，科学研究规划应坚持“顶天立地”的价值取向。通过不断提升高等学校自然、工程等学科领域的科技成果向现实生产力和生产技术的转移转化率，以及人文社会科学成果向政府决策的支撑力度，促进国家战略布局和区域经济社会的双重进步。

4. 组织复杂化的动态调整，实施举措应科学合理

克拉克·克尔曾指出，“随着‘巨型大学’的兴起，大学不再是封闭的村庄，也不是结构单一城市，它已经演化为无所不包，变化无穷的城市”。因此，编制战略规划应厘清各种关系，明确其所应关注的重点和要解决的主要问题，以此保证战略规划具有科学性和合理性。而区域高等教育发展战略规划更应具有对高等教育各要素的科学预判及统筹能力，实现从传统操作管理向现代战略管理的转变。

第一，区域高等教育发展战略规划应通过校正组织发展目标，推动地方本科高校转型发展和高校的分类治理，使高校发展战略规划的具体目标与区域高等教育发展战略规划的整体目标相互衔接、协调统一。第二，应通过优化组织宏观与微观结构，持续转变区域高等教育发展方式，促进区域高校的布局结构、层次结构、类型结构、学科结构和专业结构等优化调整，进而强化区域高等教育发展战略规划的宏观调控性。第三，应通过消解组织人员矛盾，提升教师、学生和管理人员等利益相关者的价值最大化，从而建构良好的教学关系和教辅关系。第四，应通过繁荣高校哲学社会科学，打造中国特色新型高校智库，持续凝练组织文化特性，彰显大学特色文化和大学精神，以此增强人心凝聚力和形象塑造力，全面提升区域文化软实力。第五，应通过平衡组织运行权力，一方面，深化中国特色现代大学制度，进一步推进学术性、市场性和组织性等现代大学制度的三项基本维度建设，形成推动区域高等教育改革发展的强大合力；另一方面，扩大和落实高校办学自主权，规范大学章程建设，通过章程革新高校内部治理结构，明确学术权力、学生权力和行政权力的职责任务。第六，应通过创新组织保障技术，健全高等教育的立法、经费拨款，完善质量评估等机制，推进高等教育宏观管理的科学化发展。第七，应通过配置组织资源，使各级各类高校的土地资源、人力资源、科技资源、教学资源、信息化资源等得到充分开发、共享和高效利用。第八，应通过营建组织发展环境，全面建构有利于高校特色化建设的社会环境、校园环境和学风校风等外部依赖体系。

5. 省级政府统筹化的推进，编制流程应规范公平

伴随扩大高等教育省级政府统筹权的政策演进，我国高等教育管理体制改革进入了“深水区”。因此，区域高等教育发展战略规划应具有满足不同利益相关者的组织民主和决策公平，实现从纵向行政指令体系向现代化治理体系的转变。

第一，推进区域高等教育发展战略规划参与主体的民主化。注重从传统的以省级教育行政部门为决策主体，向政府机关、行业企业、科研院所、各级各类高校和社会舆论等联合参与的共同决策转变，实现参与权利平等和机会均等，最大化地服务不同主体的多元价值诉求。

第二，推进区域高等教育发展战略规划评估主体的社会化。强化省级教育行政部门的宏观督导地位和战略方向把握能力，改变以省级教育行政部门为核

心的传统评价评估模式，构建企事业单位、高校办学主体和社会第三方专业评价机构联合组成的科学评估体系，完善评估标准与监督机制，加强对规划实施主体的政策执行力、综合治理力和社会贡献力等全面考量。

第三，推进区域高等教育发展战略规划编制方法的现代化。区域经济社会信息化建设中的民生、民情和社会舆论等大数据，是区域发展与建设活动的数字化记录，是不可或缺的管理和决策的依据。一方面，打造服务区域经济社会改革发展的大数据分析平台，实施“大数据驱动的系统决策方法”，全面开展行业人力资源预测、高校合理规模预测、经费支撑能力预测和资源环境承载能力预测，使区域高等教育发展战略规划变得高效、开放、科学。另一方面，运用现代信息技术，构建战略规划决策评价指标体系，并建立战略决策评价模型，重点保持战略规划的敏感性和前瞻性。

第四，建设社会舆情调研平台，加强民生调查、统计分析、案例集成等专题数据库建设，以及高等教育地理信息的采集，密切关注、全程跟踪党和政府重大决策，及时提供动态监测、效果评估和信息反馈。另外，依据组织管理者或决策者的选择机制“有限理性”理论，通过大数据分析和决策，有效监控战略规划的实施情况，聚焦战略规划的灵活性和可控性，通过立足于区域经济发展的基本规律和新常态，及时纠正偏差和失误，补充、修订战略规划实施细则，调整战略规划的编制周期，拓展战略规划编制的弹性空间。

三、开展高校学科特区建设的管理模式

学科建设是提升高等教育质量的核心，是人才培养质量的重要保障，是建设高等教育强国的关键。《国家教育改革和发展中长期规划纲要》明确提出“加快建设一流大学和一流学科”。高校通过推进“学科特区”建设，着力破解影响学科建设的关键问题，大力提升学科水平，实现高等教育的新跨越。所谓“学科特区”是指在国际科技前沿领域着力选择几个突破口，把新兴学科对学科整体发展的影响力、在国际学术界的地位、持续发展的活力等作为衡量标准，从国内外引进优秀人才，突破现有的学科组织结构模式，遵循国际惯例，创新管理机制，采取特殊运作方式，构筑人才高地，强化资源投入，以超常规发展的思路及速度，在不太长的时间内形成有突出影响的优势学科。目前，高校学科

组织建设方面主要存在四个问题：（1）权力分配不协调。高校将日常事务处理权下移给学科组织，而财政、人事和重大决策权仍然集中在校级层面，学科组织处于责任大于权力或有责无权状态。（2）权责利不统一。虽然高校推进学科组织二级管理的工作重心下移，但由于校长是唯一合法的大学法人，因而与权力下移存在矛盾，出现“放责而不放权”的现象。（3）绩效考核机制不健全。由于二级管理的目标责任考核体系缺失，尤其是奖惩机制的不健全，使得学科组织不同程度地存在“不愿管、不敢管、不会管”的现象。（4）监督管理制度不完善。监管制度的缺失导致学科组织实施二级管理工作的随意性加大，造成“一管就死，一放就乱”的尴尬局面。针对这些问题，国内高校通过建立形式多样的“学科特区”，采取一系列特殊措施、政策扶持和重点投入，着力推动“学科特区”的自主与盘活，充分释放办学活力，引领高校卓越发展。

（一）高校学科建设的历史经验与意义

1. 学科建设是高校服务经济社会发展的必然选择

学科建设是实现高等教育经济功能和价值的基本平台，是连接教育、科技和经济发展的纽带。在区域经济社会发展过程中，人们根据区域实际协调学科建设与产业结构调整的关系，使之互相促进，从而推动区域经济增长与高等教育发展的共同进步。美国把欧洲大学的办学模式与美国人的创新精神相融合，产生了倡导社会服务的威斯康星理念和重视研究生教育的霍普金斯模式，大学开始成为推动新技术革命和经济发展的核心力量，而美国一流大学的学科建设则成为引领社会发展核心力量。例如，加州大学伯克利分校把握住美国发展生物原子工程的契机，生物原子工程学科名列世界第一；MIT在第二次世界大战期间就组建了多学科结合的雷达实验室，此后在林肯实验室的带动下，其通信、电子、计算机、神经生理学、生物物理学等学科成为世界一流学科；斯坦福大学结合社会实际需求，把物理、化学、电子工程三个学科作为突破口重点建设，硅谷更是使斯坦福大学扬名全球。这正如伯顿·R·克拉克所言，“主宰学者生活的力量是学科而不是所在院校”。

2. 学科建设是建设高等教育强国和高水平大学的核心

高等教育强国的界定离不开拥有一批世界一流大学和学科这两个关键指标，

其核心是大学的学科竞争力。学科决定了大学综合实力和持续发展，没有高水平的学科，没有高瞻远瞩的学科视野，就不会有高水平的大学，国际经验表明，世界一流大学往往因为培育和拥有一流学科而称雄于世。以金砖国家为例：新加坡的“东方波士顿”战略规划以学科建设为核心，将新加坡国立大学和南洋理工大学建设成为世界一流高等教育机构，尤其是新加坡南洋理工大学在科学和工程学科的优势享誉国际，其国防与策略研究所更是全球权威的研究机构。印度闻名于世的软件产业得益于高校的理工学科支撑，印度理工大学的工科实力仅次于美国的麻省理工学院和加州伯克利大学。巴西经济的振兴和科技的进步，更是凭借着建设本国高等教育的一流学科而得以实现，圣保罗大学物理研究中心所属的宇宙及天体物理研究所和原子能研究所享有国际声誉。

3. 学科建设是增强省域高等教育竞争力和服务能力的关键

随着《国家中长期教育改革与发展规划纲要》的深入实施，各省以学科建设为龙头的新一轮高等教育综合竞争已经如火如荼地展开。江苏省从2010年开始，省级财政每年安排不少于10亿元优势学科建设资金。黑龙江省在高等教育强省建设规划中提出，“到2015年要建设重点学科220个、本专科重点专业450个，高等教育综合实力强、学科特色强、服务能力强，办学水平保持在全国前10位”。山东省“高教强省”行动计划提出，“在全省遴选、建设200个省级重点学科、100个重点实验室、20个人文社会科学研究基地，经过5至10年的建设，达到国内领先水平”。湖南教育强省规划提出，“全面加强重点学科建设，加强特色专业建设，遴选确定350个特色专业进行重点建设”。陕西省政府设立了高校重点学科建设专项资金，从2008年起每年拿出1亿元资金，连续投入5年，以提升全省高等教育的研究和创新能力。从本质上讲，省域之间的高等教育差距主要是学科水平上的差距，提升省域高等教育的竞争力和服务能力，核心是提升高校的学科水平。

（二）高校“学科特区”的组织模式与实施路径

1. 高校“学科特区”的多样化组织模式

第一，新建科研院所，积极创设高校学科发展新平台。南京大学先后成立分子医学研究、国际地球系统科学研究所、理论与计算化学研究所、模式动物研究所、现代数学研究所、人文社会科学高级研究院等六个“学科特区”。西安交通大学建立前沿科学技术研究院，打造涵盖物理、化学、生物、生命科学、基础医学、材料科学等多门基础学科领域的大型综合性“学术特区”。上海海洋大学成立海洋科学研究院“学科特区”。北京理工大学先后建立化学物理研究所、智能机器人研究所和现代生物与医药工程研究中心等“学科特区”。

第二，依托现有学科优势资源，持续开展重点学科、新兴学科与交叉学科建设。南京航空航天大学重点瞄准新兴、交叉学科，重点建立纳米科学研究所等“学科特区”。南京信息工程大学坚持打造大气科学“学科特区”，建成了以大气科学为核心，以信息科学与技术、环境科学与工程为重点，理、工、管、文、经、法、农等多学科协调发展的学科体系。沈阳师范大学建立“学科特区”制度，确定了教育经济与管理、中国现当代文学、动物学、社会学、高等教育学等七个重点建设学科，逐步形成了以教师教育为特色的综合、协调发展的学科建设新格局。

第三，实施学科集群化发展战略，集中力量构筑学科群品牌。西南财经大学先后组建了经济与管理研究院、金融研究院、发展研究院和马克思主义经济学研究院等四个“学科特区”，全力打造“大金融学科群”，从国际化战略、提升话语权等不同方面促进学科建设发展。安徽财经大学按照学校的特色学科、重点学科和重点培训学科三个方面划分三种“学科特区”，以四年为建设周期，在科研经费、师资、设备、对外交流等诸多方面给予大力支持，争取形成具有核心竞争力的特色和优势的学科群，以带动整体实力提升。成都中医药大学提出建立重点“学科特区”，在资金、设备、人员投入上采取新的管理体制和运行机制，实行“特区政策”，以国家级重点学科为龙头带动重点学科群建设，构建学科建设大干线。

2. 高校“学科特区”建设的实施路径

第一，赋予学科带头人较大的管理自主权。南京大学“学科特区”的负责人享有独立的人事聘用权和经费使用决策权，实行责、权、利统一。南京航空航天大学“学科特区”的学科带头人享有校学科重要岗位津贴，经学校批准可自行招聘人才，可在学校规定的范围内审批有关学科建设经费的使用，对于本学科教师工作考核、岗位津贴及职称评定等具有重要建议权等特殊政策。曲阜师范大学“学科特区”实行特事特办，学科带头人可根据实际工作需要确定研究人员的数量，提名招聘各类人员并实施严格的聘任制度和工资奖励制度。福建省在高校重点学科和科技创新平台内建立“学科特区”，实行首席教授制，由首席教授自主确定项目建设计划，自主构建学术队伍，自主开展对外合作交流，自主筹集资金和使用建设经费，自主制定奖惩政策。

第二，构建良好的学科生态系统。西安交通大学“学术特区”享受特殊的政策、资金和体制保障，不断辐射和带动理科及其相关基础学科的发展，通过“学术特区”对海外高层次人才的吸引和汇聚作用，在学校形成高端人才聚集的良好环境和完善的人才引进、聘任及竞争机制。上海海洋大学“学科特区”非行政建制，而是相对独立运行的校级学术研究平台、公共型科研平台和公共教育平台。

第三，创新学科人事管理制度。南京大学“学科特区”建立校外专家顾问委员会，实行教授研究组的机制，采用固定编制和流动编制相结合的用人制度。哈尔滨工程大学“学科特区”重点建立学校、学院（系）、学科方向（团队）三级学科建设与管理责任体系，在人员聘用、职称评定、岗位设置、人才培养、科学研究、学术交流等方面，自主探索出台个性化学院制度体系，并构建学科建设评估评价体系和以学科为核心的院（系）绩效考核体系，建立以团队为主的绩效考核评价机制和以学科贡献度为核心的人事分配制度。

第四，完善教师考核评价机制。华中师范大学物理“学科特区”用以影响因子的数值大小为重点的国际化标准来评价教师的科研水平，在教师评聘过程中按照科研、教学、社会服务打分评价教师，增加“社会服务”的比重。杭州师范大学设立国学研究院“学科特区”，专设“人文社会科学特聘教授”岗位，对高水平学者将打破按年考核的常规学术评价和考核标准，根据其累积和持续的学术影响，实行学术代表作评价制度和知名同行评议制度。

第五，营造优良的制度环境。陕西师范大学制订《陕西师范大学“十二五”重点学科建设计划》，努力开辟和建设“学科特区”，加强管理并切实保障学科建设投入。兰州大学萃英学院“特区”相继出台《关于同意萃英学院试行三学期制的通知》《兰州大学“基础学科拔尖学生培养试验计划”学生创新基金管理办法（试行）》《兰州大学“基础学科拔尖学生培养试验计划”教师聘任管理办法（试行）》等一批文件，使学院发展的保障体系日益完善。

（三）推动高校“学科特区”建设的积极对策

1. 加强政府统筹协调，科学制定“学科特区”建设规划

第一，政府组织遴选高校“学科特区”试验区。省级教育主管部门选择具有明显办学优势和广泛社会影响力的高校二级单位作为突破口，稳步推进“学科特区”的学生招录与选拔方式、人才培养模式、教师遴选与考核评价以及学院治理结构改革等各项工作。

第二，建立高校“学科特区”交流研讨机制和动态管理机制。教育主管部门定期组织各高校“学科特区”的工作研讨和经验交流，及时修改完善试点方案；加强检查督导和绩效评估，不断完善奖励机制、预警机制、退出机制和增补机制。

第三，加强政策保障设计。教育主管部门和高校联合成立调研小组，充分听取师生员工、专家学者、相关部门、社会有关方面的意见，从招生、学科专业、教育教学、协同创新、对外交流合作、岗位管理、人才队伍建设、教育投入、社会资助、条件保障、外部环境、宏观指导和监督管理等方面提出若干意见，尽快出台推进高校“学科特区”建设的政策文件。

第四，健全社会广泛参与高校“学科特区”的办学机制。扩大社会参与学校“学科特区”建设的渠道和方式，探索成立由政府、行业、企事业单位及其他社会组织代表参加的“学科特区”理事会，建立“中外合作型”“产学研协同型”和“多学科聚集型”等多主体联合的“学科特区”。

2. 强化学术梯队建设，引领“学科特区”卓越发展

第一，大力援引国内外有影响、有知名度的学科带头人。学科带头人是学科建设的核心，是学科得以发展的关键。德国柏林大学汇集了哲学家费希特、神学家施莱尔马赫、医学家弗兰德、化学家克拉普罗特、矿物学家魏斯和语言学家伯克等世界巨匠，他们引领了柏林大学顶尖学科的建设与发展，极大地推动了德国科技的创新与应用。美国加州大学伯克利分校的劳伦斯教授领军生物原子工程，使得伯克利的生物原子工程学科成了世界第一；加利福尼亚大学的航空航天学科离不开现代航空航天工程学先驱西奥多·冯·卡门的领导及古根

海姆航空实验室（喷气推进实验室的前身）的建设和研究等。

第二，组建和培育由著名学者领军的学科团队。通过学科带头人广泛吸引优秀科研人员加盟，提高本校青年骨干的科研素质。集聚人才和完善梯队是增强高等教育核心竞争力和科技创新能力的重要因素，世界一流大学的顶尖学科，往往拥有顶尖的学术带头人和一流的学术团队。加拿大实施的“卓越研究讲座教授计划”中，政府每年投资2800万美元，在全国大学范围确立20个有名望的讲座教授及若干团队，面向全球吸引顶尖人才，提升本国作为全球研究和创新领导者的声望。美国德州大学达拉斯分校，成功引进了诺贝尔化学奖得主艾仑·麦克迪尔米德教授，形成了一支世界顶尖的纳米科技研究团队，打造了一个蜚声国际的一流学科。

第三，大力培养中青年学科人才。人才是科技创新不断发展的动力源泉，除了继续加大引进优秀人才的力度外，还要切实加强现有中青年教师队伍的培养和提高，以赢得未来。应积极培育和造就一批富有创新精神和具有较强研究能力的中青年学术带头人和学术骨干，加大选派中青年骨干教师到国外高水平大学、实验室进行研修和交流访问的支持力度，形成可持续发展的优秀人才梯队。

第四，完善各类人才引进政策。赋予高校“学科特区”一定的自主引智权力，在引进人才的职务职称评聘、科研经费、项目支持、薪酬待遇、亲属安置等方面，破除体制性障碍。此外，建立科研绩效评价机制和科学合理的分配激励机制，构建以竞争、流动为核心的人事管理机制，探索优秀人才脱颖而出的破格选拔机制。

3. 优化学科结构布局，提升“学科特区”核心竞争力

第一，分层次构建学科体系。学科建设是科学研究的基础和前提，良好的学科建设是地方高校发展的基本保障，处理好学科建设和科学研究的关系，可以有效地促进教学和科研的发展。高校“学科特区”要统筹国家、省和学校三级学科建设体系，围绕区域经济发展和产业布局需求，做好三个层次的学科建设工作。首先，集中力量推动省级重点学科冲击国家重点学科，并把国家重点学科建设方向凝聚到国内外科学技术发展的最前沿以及国家重大战略的急需方向。其次，兼顾高校不同的定位和特点，着力打造具有行业影响力和优质品牌

的省级学科，并把省级重点学科建设方向凝聚到区域行业企业共同性、关键性及核心性问题。最后，持续巩固学科发展基础，遴选建设若干高校特色学科，并把校级特色学科建设方向凝聚到区域民生问题可能取得重大突破的领域。

第二，探索多学科交叉与融合的“学科特区”建设途径。华中科技大学前校长朱九思最早提出“大学的学科结构要综合化”的教育思想。合理化、综合化的学科结构是学校提高教学质量和学术水平的基本条件。从国外大学的经验看，英国卡迪夫大学生物医学学科的崛起，不只是理科和工科资源整合的结果，更重要的是选择优势项目，实现新兴学科、交叉学科重点突破的结果。而美国加州大学伯克利分校通过学科重组以及不同学科的共同研究活动，使学科不断焕发新的生机，使计算机、生物、纳米等新兴学科获得重大创新成果，造就了为数众多的世界一流学科。当前，区域行业企业正呈现出经济圈、产业带、集群化等多种发展形势，这要求高校“学科特区”建设应坚持以交叉促创新，以学科方向和研究方法的突破带动学科整体水平和科研能力的提升，突破以传统学科界限为基础的科研管理与学科组织模式，建立有利于创新、交叉、开放和共享的运行机制，以适应现代科学发展综合化趋势。

第三，加强与区域经济主导产业和战略性新兴产业发展直接关联的新兴“学科特区”建设。以硅谷和波士顿128公路为核心的美国高新技术产业集群，不但拥有加州大学伯克利分校名列世界第一的工程学科，而且汇集了斯坦福大学的物理、化学、电子工程等三大世界一流学科和麻省理工学院的通信、电子、计算机、神经生理学、生物物理学等世界一流学科。因此，高校应大力加强与先进装备制造产业、电子信息产业、新能源产业、新材料产业、新医药产业、节能环保产业、航空航天产业、高技术服务业、海洋产业等国家九大战略性新兴产业相关的“学科特区”建设，以骨干学科为核心，以新兴学科和交叉学科为辅助，适时调整学科专业结构，配套组建学科集群，形成新的科研方向。

第四，探索“学科特区”分类管理和分类指导。针对理工农医药等应用型高校，以“学科特区”与社会创新资源协同发展为路径，重点打造科技创新平台，全面促进科研成果转化，切实增强服务经济社会发展能力；针对综合、师范、财经、艺术、语言等基础型高校，以“学科特区”内涵建设为核心，重点探索人才培养模式创新，推进人才培养体制改革，全面提升人才培养质量。

4. 集中优质教育科研资源，提高“学科特区”建设效能

第一，高校集中力量构筑学科群特区。依托少数教育资源丰富、办学特色显著、科研实力突出的优势学科，重点构建学院实体型、新组实体型、学术团体型和科研凝聚型四类学科群组织形式，并给予物质资源的特殊扶持与制度保障。

第二，拓展经费投入渠道。一方面，增强“学科特区”自主引资融资的动力与能力，支持高校通过校企合作、科技成果转化和产学研协同创新等多种渠道筹集建设资金；另一方面，改革经费资助模式，设立政府和高校专项建设基金，建立“学科特区”激励机制，试行连续型、持续性、定向式资助等多样化的资助模式，提高投入产出效益。

第三，强化校内教育科研资源的开放与共享。高校重点实验室和工程技术中心等重大科技平台对“学科特区”的科研优先开放，充分提高资源利用率和共享程度。

第四，加强理论研究与战略规划。一方面，建立“学科特区”研究基地，大力开展学术科研工作和战略规划研究；另一方面，积极开展高校法人治理结构改革研究工作，探索以“学科特区”的负责人为重点的高校二级法人财产权制度、决策制度、内部管理体制、约束激励机制、利益相关者共同治理机制以及社会监督机制等若干制度。

四、发展具有区域特色的哲学社会科学

目前，我国高校哲学社会科学科研领域的综合改革，已经进入攻坚期和深水区，高校哲学社会科学科研领域面临诸多的制度性障碍和机制性难题，制约了科研领域的研究活力释放和创新能力提升。其中，较为普遍和突出的问题是：

第一，高校科研管理制度普遍存在重视数量、忽视质量的根本性制度桎梏。一是单纯根据出版著作、发表论文数量和发表刊物影响因子等量化模式来评价教师、评价业绩、评价研究效果，而学术成果的社会效用反而被忽略；二是高校哲学社会科学所面临的各种检查、评估中，尤其是在学科排名、学位点申报等方面，科研成果的数量是重要指标，而科研成果的质量则少有提及。总体而言，高校哲学社会科学研究领域的学术环境及与其相关的评价制度、管理制度

是影响我国高校哲学社会科学科研人员和广大教师创新的最主要因素。

第二，高校哲学社会科学的理论研究与现实应用衔接机制不健全。一是高校哲学社会科学的研究选题主要集中于思辨性质的理论研究和某一学科专业领域的微观研究，而基于大数据样本采集的问题诊断式、对策建议式等社会调查与实证研究相对缺失。二是在各类哲学社会科学的结题鉴定中，最终研究成果主要以著作和论文为主，理论价值较高，但社会效益较低，尤其缺少转化为政府的法律、政策、规划、文件等具体执行和可操作的研究成果。

第三，研究载体尚不丰富。一方面，高校人文社会科学研究基地的总体数量较少，系统开展哲学社会科学研究能力相对较弱。我国高校目前仅有教育部人文社会科学重点研究基地，与理工科的国家重点实验室、国家级工程技术中心、国家级大学科技园等重大科技平台相比处于明显劣势，而我国的各类省级人文社会科学研究基地近年来逐渐兴建，正处在遴选建设的常态化进程中，重大标志性成果较少，获得省主要领导批示肯定的资政建议数量不多，全面服务与支撑区域经济社会发展的创新能力不足。另一方面，我国高校文科实验室建设还处于起步阶段。与高校理工科实验室相比，文科实验室建设的政策保障、管理体制、综合化和信息化等建设方面，还存在一些问题亟待破解。此外，我国高校哲学社会科学的智库建设尚处于团队筹建和研究特色培育阶段，综合科研实力、行业比较优势和社会服务水平尚不凸显，对各级政府政策决策的支持力度仍然有限。未来，持续推动我国高校哲学社会科学科研绩效运行机制改革，要重点做好以下几个方面的工作。

（一）建立健全以创新质量为导向的评价机制

第一，建立健全分类评价标准体系，切实加强以服务贡献、创新质量和科教结合为重点的分类评价。针对应用研究成果建立以政府、社会、行业企业等用户为主的多元多方综合评价机制，针对理论研究成果建立学术同行、利益相关者、国内外第三方专业机构评价的个人代表作、学科标志性成果和精品力作等评价机制；探索教学型、科研型、社会服务与推广型的教师职称资格申报制度，科学合理地制订不同学科、不同岗位教师的分类考核标准。

第二，积极开展科研评价综合改革试点，重点推进人事管理和分配制度的配套改革。探索建立学术特区，实行双聘制和单聘制相结合的聘任制度，推动高校学科院系之间，高校与科研机构、政府、企事业单位之间的人才无障碍流动；健全人才选拔和激励机制，设立政府专项基金，重点奖励被政府采纳的研究成果，建立高校青年教师服务政府决策的职称职务的破格晋升制度。

第三，协调推进科研评价与学科评审、人才培养、机构评定、课题立项、成果评奖等方面的综合改革，将咨询报告、专家建议、普及读物等成果纳入评价体系，加大研究成果转化为政府决策的绩效评价权重。

（二）创新高校哲学社会科学科研管理机制

第一，注重顶层设计，理顺科研工作领导体制。地方政府部门应尽快专门制定《加快推进哲学社会科学强省建设的实施意见》，地方各级教育行政主要领导应每年听取关于高校哲学社会科学工作汇报，定期研究解决高校哲学社会科学的重大问题。积极支持高校依托优势特色的人文社会学科与各级政府，以及企业、社区、农村等基层组织联合建立社会调研基地，建立健全高校教师实践考察、社会调研、挂职锻炼等实践制度，增强解决问题的实际能力。

第二，坚持问题导向，完善各级各类课题的科研规划、评审立项、结题鉴定制度。政府部门应每年在广泛征求相关专家学者意见的基础上，围绕学术前沿和区域经济社会发展重大需求确定科研项目选题，采取招标制和定向委托相结合的立项模式，提高项目设置的针对性、实用性，加大对哲学社会科学领域的应用对策研究项目的资助力度。

第三，深化科研管理体制改革。政府应在哲学社会科学的组织管理、机构建设、人员评聘等方面赋予高校更大自主权，不断完善社科研究重大项目、重点项目、一般项目和委托项目为主体的政府、高校两级项目资助体系。重点打造服务经济社会改革发展的大数据分析平台和社会舆情调研平台，密切关注、全程跟踪党和政府重大决策，及时提供动态监测、效果评估和信息反馈。

第四，建立重大成果培育机制。设立政府专项资金，组织高校对国家和经济社会发展理论与对策性研究开展集中攻关，畅通应用成果转化渠道，定期举办应用对策研究成果专题发布会等，并通过网络、媒体等加强哲学社会科学学术成果宣传力度。

（三）加强建设高水平哲学社会科学研究平台

第一，集中智力资源打造高校新型智库。着力构建跨学科、跨领域的“学科+平台+项目+人才”的高校智库创新研究模式，针对资源型城市转型发展、地方典型产业集群建设、区域经济发展战略深入实施等实情，开展公共政策和公共事务研究，建立健全高校智库参与省市政府决策与咨询制度；实施高端智库人才援引和培育计划，建立健全高端人才培养、引进和奖励的政府政策，着力培养学术带头人和青年学术骨干；加强我国高校智库与国外顶尖智库的实质性合作，重点推进金融危机、国家安全、资源环境、反恐维和等全球性战略问题研究，形成国际研究和交流网络，加快智库建设的国际化进程。

第二，推动高校各类省级人文社会科学研究基地的创新发展。一方面，加强研究基地的信息化、现代化建设，鼓励应用对策性研究的社会调查、统计分析、案例集成等专题数据库建设，强化基础性研究的文献和档案类数据库的开发和利用，支持各基地的数据资源开放共享，为高校人文社会科学科研工作提供先进的数据和方法支撑。另一方面，推动研究基地向问题导向转型，新建一批以我国重大现实问题和新兴交叉学科领域为导向的省级哲学社会科学研究基地，全面兼顾基础理论创新研究与实证应用研究。

第三，进一步深化高校文科实验室的运行和管理体制改革。一方面，加强政府的政策保障和制度设计，出台强化高校文科实验室建设的政府政策文件，重点支持高校文科院系和科研机构建立独具特色和潜力的社科数据库与实验室，建立不同类型高校相同学科之间的文科实验室的联合共建机制，实行优胜劣汰的动态管理与定期考核机制。另一方面，完善弹性经费投入制度，设立省校两级文科实验室专项建设经费，重点加强文科实验室的信息化、智能化和数字化建设；加强科研经费监管和审计，提高资金使用效益；探索建立企事业单位参与的高校哲学社会科学科研项目资助制度，依据科研成果的转化绩效，实施经费分阶段拨付。

第四，探索建立高校哲学社会科学分类服务机制。一是充分发挥研究型大学的引领示范作用。依托“985”工程高校，主动承接国家和省级两个层面的文化传承创新战略，鼓励两所高校人文社会学科的强强联合与协同攻关，通过建立合理的利益分配机制、科学的风险分担机制及全面的资源共享机制，共同开展经济、政治、文化、社会等领域的国家级重大科研项目工作。二是切实发挥省属高校的全面支撑作用。一方面，依托综合、财经、政法、师范、艺术等高校，组建面向管理、法律、党建、教育、心理、历史等哲学社会科学领域的省级协同创新中心，通过高校与高校、科研院所、政府部门、行业学会以及国际学术机构的强强联合，提升区域文化软实力、增强中华文化的国际影响力。另一方面，依托分布于我国各地的理、工、农、医、财经等行业划转高校，通过高校与大型骨干企业联合建立具有行业特色的高等工程教育研究中心、创新创业教育中心、企业文化研究中心、行业发展战略研究中心等，推动企业文化创新、企业园区景观建设、行业精神凝练以及企业形象营销等文化领域的繁荣发展。

（四）加强文科实验室的建设与管理

文科实验室是以社会知识和人文知识为专业背景，以强化实验教学为核心，在经济、管理、法律、文学、教育等文科学院开设的实验室，具有综合性、开放性、交叉性、应用性和实践性等五大特征。文科实验室与理工科实验室不同，除了锻炼学生的实践能力以外，更强调人文素养的养成。文科实验室在实验教学理念、实践教学体系、实验教学环境、实验教学效果、管理体制、实验队伍等方面建设上都要有自己的特殊性。文科实验室是开展文科实践教学、巩固和深化理论知识的重要途径，全面培养文科学生的应用能力、自主学习能力和创新能力。1992年，国家教育委员会颁布了《高等学校实验室工作规程》（1992年教育委员会令第20号），是为了加强高等学校实验室的建设和管理，保障学校的教育质量和科学研究水平，提高办学效益。同年，国家教育委员会又出台了《关于加强高等学校实验室工作的意见》（教备〔1992〕44号），进一步强化高校实验室建设。文科的早期实践教学大多是通过实习的形式进行。随着形势的变化，经管类、法学类、传媒类、艺术类专业等实践性知识需求较强的专业开始建设专业实验室，如1994年中国人民大学建立了国内第一个经济学科实验室。该实验室涵盖了数学、信息科学、统计学应用与经济管理，大力引进系统分析、数据库、人工智能、运筹学等领域的新技术、新方法用于经济管理学科，极大地提高了学生学习的层次和研究工作的状态。

1. 加强文科实验室建设的现实意义

近年来，文科实验室的数量呈现快速发展态势，文学、法学、历史学、教育学等实验室数量年均增长率都在6%以上，总数量超过了5000个，实验室总面积接近400万平方米，开设实验项目总数近十万项。（1）加强高校文科实验室建设，有利于完善学生的知识结构体系，培养当今社会需要的各类复合型文科专业人才。加强文科实验室建设是教育部“质量工程”建设的重要内容，也是深化教学改革、提高人才培养质量的关键。文科实验室的建设是一个系统工程，其根本目的在于改变当前文科教学中的重思辨轻实证、重理论轻技能、重知识轻能力、重学术研究轻实际运用的弊端，切实强化文科实践教学体系，创新文科人才培养模式，全面推动传统教学理念、教学模式、教学内容、教学媒介和教学方法的改进，重点培养文科人才的实践能力、应用能力和创新能力。（2）加强高校文科实验室建设，有利于丰富文科研究技术，促进文科研究成果新突破。随着现代科学技术的发展，自然学科与人文社会学科之间愈加相互渗透、相互交叉和相互影响，文科研究越来越多地依靠计算机的建模运算和现代多媒体的动态演示，而且对于信息技术运用和科研设备的硬件要求也逐渐提高，这就要求高校必须建立专门的现代化、计算机化、网络化的文科实验室，丰富文科研究方法，拓展文科研究的空间和领域。（3）加强高校文科实验室建设，有利于繁荣高校哲学社会科学，增强高校文科的社会服务能力。文科实验室是高校决策咨询团队和高校智库建设的重要载体，是促进研究成果向应用转化的重大平台，特别是经济、管理、法律学科的实验室，通过对经济社会发展的大数据采集和模型分析，进而越来越多地参与国家和地区的经济社会发展战略决策，为高校服务区域经济社会发展提供了最基本的技术平台保障。

2. 高校文科实验室建设的主要问题

第一，高校文科实验室建设缺乏统筹规划和保障。教育主管部门尚无针对性的规划布局和实施细则，使得高校文科实验室建设各自为战，以辽宁为例，地方属高校拥有文科实验室258个，其中，文学类实验室有131个，占50.8%；设有文学类实验室的地方高校有23所，占地方高校总数的59.0%；经济学类实验室有72个，占总数的27.9%；设有经济学类实验室的地方高校有23所，占地方高校总数的59.0%。主要表现为低水平的基础设施重复建设和教育资源浪费现象较为普遍。

第二，高校文科实验室建设的体制机制较为僵化。从管理体制来看，文科实验室由各高校管理，政府主导的评估为主，管理与评估主体较为单一，缺乏广泛的社会参与度。从经费投入体制来看，文科实验室的运行经费几乎全部依靠政府投入，经费来源较为单一，且普遍存在“重理工轻人文”现象，与理工类重点学科实验室相比，专项资金对文科实验室建设项目投资力度不足，已建项目缺少专项资金的连续性投入，造成文科实验室持续发展的后劲不足。由于缺乏足够的经费支撑，一些高校文科实验室的硬件设施建设迟缓。同时，政府支持高校自主开展文科实验室建设的力度不够，实验室建设的“权、责、利”不能有效统一，尤其在人事管理方面，文科实验队伍建设中普遍存在的实验技术人员待遇不高、职称晋升比较困难等问题尚不能合理解决。

第三，高校文科实验室建设的综合化程度不够。一方面，部分文科实验室仍局限于水平较低的专业单独建设层面，仅是培养文科学生的某一项能力，无法适应经济社会发展对“大文科”知识结构的创新人才的迫切需求。另一方面，文科实验室建设的观念滞后，文科实验教学依然处于人才培养过程的辅助地位，主要表现为文科实验教育体系不完备，实验设备趋同、单一、共享困难，实验资源不够丰富，实验教学不规范，实验教学模式陈旧和教学方法简单等问题。

第四，高校文科实验室建设的信息化水平不高。文科实验室建设的数据库资源尚不充足，尤其是针对文科实验室数据库的专职研究机构与专业研究人员发展较为迟缓，而多数文科实验室更是缺少具备软件研发和设备维护能力的专业技术人才，使得教育管理部门无法及时获取各高校文科实验室的开放共享、设备利用、器材损耗等真实情况，致使教育管理部门对高校文科实验室建设的战略决策与发展规划缺乏统筹、科学、合理的大数据分析支撑。

3. 推动辽宁高校文科实验室建设的积极对策

第一，持续加强政府的政策保障与制度设计。（1）政府出台强化高校文科实验室建设的政策文件，进一步明确教育行政部门、高校和文科实验室的各自职责权利，并从教育教学、协同创新、对外交流合作、岗位管理、队伍建设、教育投入、社会资助、条件保障、外部环境、宏观指导和监督管理等细节方面，提出加快高校文科实验室建设的若干意见。（2）建立市级或区级的行政区域内各级各类高校文科实验室的联合共建机制，避免资源浪费和重复建设，提高文科实验室资源的利用率与共享程度。（3）加强高校文科实验室的规范化建设。成立政府、高校和社会第三方机构的联合评估组织，定期开展高校文科实验室建设的考核与评价，并建立相应的奖惩机制。（4）开展高校特色文科实验室试点遴选工作，强化调研论证工作，科学制定试点监管机制、考核机制、投入机制与运行机制，建立年报检查制度和完善试点联席机制，探索建立文科实验室建设标准。（5）设立省校两级文科实验室专项建设经费，重点资助学生参加各类学科竞赛与实习活动，以及奖励师生的优秀科研和教学成果。

第二，健全社会力量参与高校文科实验室建设机制。（1）探索成立由政府、行业团体、企事业单位及其他社会组织代表参加的文科实验教学理事会，全面探索“中外合作型”“产学研协同型”和“校企联合型”等多主体联合参与的高校文科实验室建设模式。（2）进一步扩大和落实高校自主开展文科实验室建设的权力。一方面，教育行政部门大力支持高校依法自主设定文科实验室教师的入职标准、待遇津贴、岗位职责、评聘资格和晋升条件；另一方面，探索建立社会力量广泛参与的文科实践教学项目资助制度，明确实践教学分阶段任务考核目标，根据完成情况和效果考核实施经费分阶段拨付。（3）鼓励高校自主设立文科实验室实验技术总监岗位，引入“学科特区”管理模式，赋予技术总监一定的资金、人事、物资的特殊支持和政策支撑，施行实验教学工作由实验室统一管理的教学制度。同时，进一步完善高校职称评聘制度，拟定文科实验室教师职称评聘标准，推动文科实验室教师与专业教师的分类评聘。

第三，推动向功能齐备的学科综合化文科实验室转变。（1）推动高校整合校内各类文科实践教学资源，建立涵盖多学科的综合型、现代化、开放共享的文科大型综合实验教学中心。通过实施学科综合化、开放式的实训教学，促进文科学生知识、能力、素质的协调发展，并将文科综合实训教学平台建设作为文科创新人才培养模式改革的着力点，大力促进文科教学理念、教学模式、教学内容、课程体系、教学方法、教学平台以及教学制度等方面改革与创新。同时，在综合实验中心内部实行各类专业实验室的负责人制度，实行专职专责、公开招聘、竞争上岗、定期考核的管理机制。（2）深化高校文科实验教学改革，不断丰富模拟、仿真、实训等文科实验教学模式，优化综合性和探索性的实验教学内容，提高实践类课程数量和实践学分比例，推动高校联合、产学研联合或跨专业联合编制、修订实验课程教材、教学大纲及实验指导书。引导高校着力构建“专业基础实验室－学科群大平台－综合实验中心”三位一体的文科实践教学体系，建立以自然科学、工程技术、人文社科等领域学科竞赛为载体的知识创新技能训练体系。（3）推动校内教务、科技、督导、发展规划和资产管理等职能部门和学科组织联合成立的工作小组，全面开展文科综合实验教学中心管理规章制度的适时调整和修订，通过制订和完善工作规章流程、仪器设备管理办法、实验室安全守则及资料档案管理条例等一系列制度，促进管理科学化与制度化发展。

第四，加快高校文科实验室信息化建设。（1）探索建立教育行政部门主管的高校文科实验室大数据库管理模式，在高校外部成立由政府、高校和社会三方共同组成的全省高校文科数据库研究机构，在高校内部设立文科实验室数据库的专职管理机构，注重开展自上而下的大规模数据采集和分析，使教育主管部门常态化监测各高校教师授课、学生实验、设备使用和成果绩效等情况，为仪器采购、经费投入和资源配置提供科学依据。（2）加强高校文科实验室的公共开放数据库以及社会调查、统计分析、基础资料、案例集成等专题数据库建设，立足经济学、管理学和法学等优势学科领域，打造服务老工业基地特色和国内重要影响的文科数据和信息中心。（3）加强高校文科实验室的智能化建设，采用门禁系统、摄像监控系统、云计算中心系统、网络化设备管理系统和实验室使用信息管理系统等智能化管理方法，进一步推动文科实验室的多媒体化、计算机化和网络化建设。

第五章
地方高校应用型人才培养模式改革的问题与出路

第一节　地方高校应用型人才培养的基本原则

一、服务地方经济建设原则

地方高校要为地方经济社会发展服务，即为本地区培养合格人才，开展科技服务就必须进入本地区经济建设的主战场，使自己成为地方现代化建设的一支重要的支撑力量。地方院校要利用本校人才密集、信息灵通等先进的条件，为地方的综合发展提供理论对策和规划服务，给政府决策提供支持依据。地方院校要努力加强横向联系，增加对企业的技术投入，扩大学术和技术优势的影响，与企业联合成立科研中心。积极参与本省市重点科研，积极参与本省市高新技术升发区建设，建立产学研合作基地。大力促进科技经济一体化。这里要着重指出的是，地方高校要为地方服务，这就要求学校在办学思想、专业设置、教学体系、科技服务等方面都与社会、与企业的需要相适应，为地方大中小型企业服务，提高人才的适应性。要调整优化办学模次、规模、专业、学科设置，要与本省市经济结构、产业结构、技术结构的调整相适应。在专业结构上，要对部分不能适应市场经济和科技发展需要的专业进行改造，更新专业内容，拓宽专业口径。增强专业的活力和适应性，同时增设一些本地区急需的专业，为第三产业服务的专业。在学科建设的侧重点和办学特色上，要与该地区的产业结构调整相适应。

地方高校的核心竞争力，最终集中和体现在其人才培养质量与教育教学的特色上。对于应用型人才培养来说，其最根本的一点，就是其毕业生专业素质高、动手能力强。他们走上工作岗位能很快适应岗位需求、工作适应期短、熟悉专业技术技能、了解行业技术信息、业务技能发展潜力大，可以成长为用人单位的业务骨干。立足地方，服务地方，是地方高校发展目标定位主要依据。充分了解地方经济社会发展需求，摸清地方经济社会产业结构、特点、优势和不足，掌握地方经济发展和人才政策，看准行业企业技术发展走向，找准与地方高校合作的空间和内容，从而把脉学校发展方向，按地方需要设置自己的学科和专业，把学校发展与地方需求紧密融合，立足地方培养社会需要的应用型人才，地方高校一定会有广阔的舞台。

二、健全协调配套机制原则

要培养高素质应用型本科人才，一定不是某一个人或某一个部门的事，而是学校应统筹考虑的事，因此，必须有较好的顶层设计，在体系、方法、制度等方面都进行配套，方能有效推动和实现。社会应用需求是我们建立应用型人才培养模式的基础，培养的人才必须符合社会应用需求，我们的人才才会有社会市场，才能顺利就业得到社会认可。因此，建立模式前必须充分进行市场调研，研判行业企业在人才需求，技术发展现状，找准现有人才培养的弊端和应用型人才培养切入点，在人、财、物和机制体制方面进行系统谋划，做好顶层设计。

培养应用型人才是地方高校使命，更是地方经济社会发展需求。应用型人才培养必须立足地方，应用于社会，为经济社会发展建设做贡献，社会发展情况如何，行业企业技术对专业人才需求，科技产业快速发展形势等，都对地方高校人才培养提出新的要求，高校是社会体系中的一个重要组成部分，不能脱离社会办学，这些都要去关注。市场经济条件下，需求决定产出，需求决定人才培养规格、数量和质量，有需求才有市场，有需求培养的毕业生才有出路，有需求的地方高校才有生存发展空间。地方高校培养的人才走向社会是否用得上，是否符合用人单位的需要，应是衡量地方高校办学质量主要标准，未来社会、人才培养的质量一定由用人单位和社会来评价，因此，立足地方发展需要培养高素质应用型人才，是地方高校适应地方发展生存之本。

三、立足高校自身现状原则

应用型人才培养必须做好顶层设计，顶层设计不能脱离地方高校的现实。设计最终要落地，不能好高骛远，脱离地方高校的实际情况。在设计前，要认真研判高校的实际情况，现有的基础条件如何，已经形成的优势和做法经验有哪些，哪些专业与地方产业结合紧密，在应用型人才培养中还存在哪些问题，能够在哪些方面取得突破，如何更好地打造自身的特色和品牌，等等，都需要去深入思考和研究。现状掌握清楚了，才知道自身优势和弱点所在，才知道自己能做什么和能做好什么，才知道应用型人才培养体系如何构建，才知道自己的目标如何确立。

人才培养计划至关重要，它是人才培养模式的核心内容，所有知识、能力和素质的培养要在计划中有所体现。现有的人才培养计划多受过去传统思维框架的约束，无论是管理者，还是教师，在驾轻就熟情况下一般不愿意去革新。要革新必须有内因和外因的共同作用，内因上，校内的管理层要认识到培养应用型人才体系和机制上存在的问题，意识到改革势在必行，要有改革的勇气和决心；外因上，市场快速发展推动应用型人才需求，技术的快速发展倒逼高校不能关门办学，高校之间的激烈竞争助推改革的进程和力度。要大胆地改变人才培养计划，将行业企业技术需求融入培养计划，强化知识、能力和素质的综合培养，重视学生个性化需求，加强学分制改革，灵活设计专业方向和专业模块，提倡项目化培养，构建适应学生年龄发展特点的多元化人才培养计划。

人才培养计划的核心是课程，课程必须体现应用的内容，这就要对原有的课程进行重新设置，符合应用型人才培养计划体系的课程要保留和强化，不符合的要去除或重新编制，要多增加选修类的课程模块，让学生根据自身需要加大自主选择力度；要增加有利于学生能力素质培养的一些课程，在课程学习中提升他们的能力素质；要增加企业实践类课程，强化学生实践能力培养。可以适当减少理论课（包括公共课）的教学时数，增大专业实践性教学课时的比重。实践课应从原来的课程体系中独立出来，实行直接到工厂、生产车间、工作场地进行现场教学，借以培养学生的动手操作的实际能力。改革传统的单纯理论考试和试卷笔试的考核方法。专业课除一些必要的理论考试外，要增大学生动手操作实践能力考核的比重与比例，逐步把考试考核的重点放在学生动手操作实践能力的考核上来。使应用型人才培养教学方式与办学模式有新的发展、变革、改进与创造，以体现出应用型人才培养的鲜明特色与优势。课程培养需要教材支撑，应用型人才培养课程的专业教材必须体现最新的应用技术信息，这方面的教材一般跟不上社会应用技术的发展。因此，需要及时地对教材进行更新或补充，出台这方面的鼓励政策，让教师愿意从事这方面的工作，让学生及时学到最新的生产一线技术信息，让应用型人才培养落到实处。

第二节　地方高校应用型人才培养的问题探究

高等教育步入大众化阶段后，高等院校尤其是普通工科院校应该及时对学校的人才培养质量观和人才培养模式进行重新定位，根据学校自身的发展优势和特色，将培养各类应用型人才作为培养目标，适应社会的需要，全面实现大众化教育的健康发展。

一、应用型人才培养模式存在的问题

（一）人才培养模式的“适应性”不够

目前，我国普通工科院校由于固有的教育观念和相对薄弱的教育硬件建设，在人才培养模式上还存在一定的问题，主要体现在：（1）人才培养目标不明确。从目前高校的发展结构来看，普通工科院校多把人才培养定位在“应用型人才”，但在实际的人才培养和方案的制定过程中往往直接照搬重点大学的培养方案，缺乏“移植”后适应本校学生实际的改造和创新，没能形成应用型人才的独特培养模式，导致所培养的学生在能力上既无法达到来自重点研究型大学的研究水平，也无法像专科学校所培养的学生那样适应社会工作。（2）专业人才培养模式单一。普通工科院校目前在专业设置方面已经相对健全，多数院校已经成为或正朝综合性大学发展。但是在人才培养的深层内涵上，还是存在一

定的“单一性”，主要体现在专业设置和人才培养模式过于粗化，具体来说是对同一个专业的所有学生提出统一的培养要求、教学计划和评价标准，采取统一的教学模式去“塑造”所有学生；将人才培养目标定位在职业性、功利性很强的“专才教育”，对通识教育和人文教育重视不够。在培养过程中表现为专业口径过窄，人文教育环节薄弱，知识基础不够宽厚，培养途径单一等。（3）专业人才培养课程设置不够合理。培养“高素质的应用型人才”，应力求课程设置合理化，避免课程设置过多过杂，要重视实效性，兼顾考虑专业要求和社会需要，目前普通工科院校在课程设置上普遍更新较慢，理论课多于实践课，实践环节薄弱，缺乏合理性，存在实践教学课时少、教师本身缺乏实践能力、实践教学内容陈旧、实践教学考核不严以及重验证轻设计等问题。

我国高等教育步入大众化教育阶段之后，学生的入学人数增加，学生的个体差异较大，高校的类型和水平也参差不齐，用一成不变的培养模式和质量标准来要求教育活动已不合时宜。高等教育的不平衡发展需要多样化的人才培养模式与培养方案与之相适应。普通工科院校应该根据学校既有的办学基础、办学条件、办学实力水平、办学声望等开发适合的人才培养任务。唯有适宜的人才培养模式，才能使培养的人才合格多样、各具特色，才能满足社会对各级各类人才的需求，也才能实现高等教育大众化的持续健康发展。

大学人才供给体系的结构性“缺口”始终存在。大学高端研发人才的储备与培养存在双向不足的困境，不能全面满足战略性新兴技术对基础研究与应用研究的高层次、多规格人力资本需求。大学的创新型、创业型和应用型等人才培养规模存在结构性失衡，尤其是“近行业”“贴产业”“送企业”的应用型人才培养规模和供给能力均与战略性新兴产业的预期需求存在一定的差距。《制造业人才发展规划指南》显示，预计到2025年，我国十大重点领域的人才总量预测和人才缺口预测分别为6191.7万人和2935.7万人，其中，新一代信息技术产业中电力装备、新材料和高档数控机床和机器人位列前四位。新常态下产业结构优化过程所带来的隐性“副作用”在一定程度上造成了大学人力资本的输出抑制。麦可思《2019年中国大学生就业报告》数据显示，与2014届相比，2018届本科生就业比例增长排名前三的行业依次为“中小学及教辅机构”（4.1%）、“信息传输、软件和信息技术服务业”（2.0%）、“医疗和社会护理服务业”（1.4%），而就业比例下降幅度排名前三的行业依次是“机械设备制造业”（1.9%）、“交通运输设备制造业”（1.5%）、“电子电气设备制造业”（1.5%）。这种现象表明，第三产业正逐渐成为大学毕业生的就业增长点，而大学对第二产业及实体经济增长的人力资本注入活力则仍待提升。

大学学科专业与行业企业发展的衔接性不够、契合度不高。第一，“技术链-学科链-专业链”的衔接仍有明显“裂痕”。大学学科专业的持续优化和调整力度不够，尤其是工程类学科专业的结构体系和规模还不能完全适应我国制造业转型升级的需求。以人工智能领域为例，目前我国人工智能企业已经超过1000家，但由于大学人工智能专业长期缺位，造成人工智能行业人才短缺。《全球人工智能领域人才报告》估计，我国人工智能学科人才需求缺口每年接近百万。与此同时，大学的机械类、电气信息类、化工与制药类、轻工纺织食品类等学科专业所占比例明显下降，与同期我国制造业发展速度不相适应，一定程度上影响了制造业的转型升级。第二，大学的学科专业结构体系未能满足技术结构转型升级尤其是战略性新兴技术高速增长的多样化需求，学科专业开设还存在一定程度的盲目性和功利性。例如，一些工科优势大学偏离办学定位与特色，“跟风”开设新闻、艺术、法律、语言等“投入少，收益高”热门学科专业。第三，传统学科专业与新兴学科专业、交叉学科专业的新旧动能转换机制仍不健全。大学多学科专业集成的创新驱动生态系统尚未完全成型，新工科、新理科、新农科和新医科的交叉融合质量建设成效仍不够“亮眼”。

（二）人才培养制度的“功能性”不全

坚持走高等教育内涵式发展道路，确保地方高校应用型人才培养质量，必须进一步强化高校教学制度建设。当前，高校教学制度建设过程中存在的问题，可以表现为：

第一，基本功能的存在空间被挤压和边缘化。高校教学制度的制定功能主要是服务和保障教育教学的顺利实施，践行人才培养的核心地位。但随着经济增长方式的转变和产业结构的优化调整，加剧了社会转型和市场经济对高校的科研创新和社会服务两大功能的诉求，导致功利主义盛行造成高校教学功能的认识错位，由于教学功能具有隐形特征、滞后特征，无法立竿见影，而高校科研、社会服务可以马上见到经济效益社会效益，致使教学退到高校的边缘位置。目前，随着国家“2011计划”的深入推进以及省域高校协同创新的战略布局，一些高校愈加重视提升科技创新能力和区域科技贡献力，尤其是在教师的职称评聘和职务晋升等考核与评价中，逐渐加大科研成果的量化权重。随着教师考评制度的科研化倾向，教师们承担了过多的科研和校外咨询任务，从事教学的积极性和主动性逐渐减弱，教学基本能力退化或提升缓慢。

第二，制定过程的强制一致性和模仿趋同性的机制制约。强制一致性表现为一些高校对自身的办学目标和发展定位估量不足，好高骛远地提出争创“一流大学”的跨越式理想目标，尤其是一些原行业部委属高校在划转地方管理后，其教学制度建设思维通常是强制照搬研究型大学，致使教学制度的指导思想、组织模式以及运行机制逐渐脱离行业特色，举办“省内一流”甚至“国内一流”而非“行业一流”成为许多行业划转高校的奋斗愿景，致使办学特色丧失，综合竞争力减弱和教育质量面临下滑。而模仿趋同性则表现为一些高校对建立健全教学制度的重视不足，尤其是一些地方新建本科高校，由高职高专转型升格之后，对举办本科教育的办学要务理解较为模糊，在教学制度建设方面，仿效高等教育较为发达区域的地方新建本科高校的教学制度建设模式和运行机制，致使其生存空间不断挤压。

第三，制定理念的人本价值与工具价值的观念冲突。高校教学制度的人本价值，即必须具有以人为本的主观情怀和理性尺度，随受教育者的学习需求而形成与灵活调适，具有清晰的服务指向。而工具价值是教学管理人员将教学制度视为规范和约束师生教育活动的客观管理工具，一旦建章立制就严格执行，一切教学工作都应遵章办事。两种价值取向的冲突主要表现为，随着高校办学规模的逐渐扩充，学生数量急剧增长，师生比例日益下降，教师和行政管理人员的工作量大幅增加。由于规模扩张所带来的高校繁重的行政事务，进一步强化了行政权力，使得管理的行政化趋向更加突出。这使得本应以人为本的教学制度显得无所适从，管理人员与教师、学生之间人本凝聚力逐渐削弱。

第四，利益相关者的权责不清与封闭隔阂。高校的教学质量尚未到理想效果，主要原因在于教学制度建设过程中的校内职能部门之间、学术组织与行政组织、职能部门与二级学院、校级民主组织与基层民主组织等机构之间的相互牵绊和制衡。一方面，受典型科层制学校组织环境的影响，高校内部管理机构的职责权限仍不十分明确。一般而言，教学制度的制定与实施由高校内部职能部门负责，但由于一些高校的内部组织结构不健全，加之内部治理能力较弱，极易产生校内职能部门之间的权力划分不当、职责不明、相互推诿等弊病，从而导致教学制度无法及时建立健全与更新修善。另一方面，高校教学制度仍存在部门本位主义倾向，往往只注重解决本部门负责的事情，给资源共享工作形成制度性壁垒。受组织本位主义的陈旧观念影响，一些高校的二级学院之间的诸多教学资源无法共享，尤其是不同院系和学科专业的教师互聘流动，隶属不同二级学院的实验室、仪器、设备操作平台和图书、资料、信息等教学辅助资源的封闭，造成教学资源的重复建设和使用效率低下。

（三）人才培养质量的“工程性”不足

高校“自我运转”“校园中心”的工程人才培养自组织现象比较普遍，针对工程专业知识、工程实践系统和工程综合素质等质量核心的“工程性”资源供给与配置活力尚未完全释放，尤其是企业参与高校工程人才培养的“校热企冷”以及产教衔接“断链”问题，始终是制约高校工程人才培养质量的顽疾。第一，高校注重工程科学而非工程系统，学生的理论知识与实践知识之间存在供给失衡的矛盾。不足50%的学生表示所在专业的实验仪器材料、仿真模拟资源和工程实践条件等实践知识培养环节，无法满足自身的检验、巩固、加工、迁移和转化等实践知识补充生成的建构需求。第二，高校工程实践支撑系统及其优化运转机制存在一定程度的滞后。高校具有企业工程背景的师资队伍总量不足，有48%的学生表示“学校配备占比40%以上的企业经历专业教师”。学生参与教师企业科研项目的领域和内容相对浅显，仅有37.5%的学生表示“能够参与教师的企业科研项目”，但绝大多数学生主要从事课题的文献采集、资料收集、数据整理等基础性和准备性的“非实质性”研究工作。工程类专业的教师结构单一，“校本”教师的主力军问题始终无法得到根本改善，将近60%的学生表示企业兼职教师的数量和企业人员讲座的频次存在不足。企业人员暂时无法做到教学过程的完全覆盖和全程介入，接近70%的学生表示企业人员参与学生毕业设计的选题、指导和考核等核心环节的力度和程度普遍薄弱。企业人员受制于生产任务和工作绩效的压力，对学生企业生产实践的有效指导并不充分，分别仅占41.2%和42.4%的学生表示企业实习期间“能得到生产设备的操作机会”和“企业人员的专业指导”。第三，高校工程人才培养的长效性和竞争性不足，以专业综合素质为核心的预期质量亟待提升。在综合素质的自我认知与衡量方面，分别仅占36.7%、38.2%、37.7%、37.8%、34%和35.2%的学生表示通过专业学习能“有效解决工程问题”“熟练运用专业软件”“独立操作仪器设备”“设计简单工程项目”“开发初级工程产品”和“改进普通工艺流程”，这意味了工程教育培养“成品”与工程人才培养目标和培养规格的离散，以及受实际学业效益影响而产生的就业竞争力的弱化和个人预期收益的“贬值”。

（四）人才培养能力的“创新性”有限

高校工程人才培养过程中的创新创业教育依然存在着迎合政策部署的“速度情结”“功利色彩”和“虚假繁荣”，缺乏实质性和深层次的“换挡行动”，创新创业教育被生态活力不足、教师“原始资本”积累薄弱、教学资源“拼凑”现象明显、全方位支持机制欠缺和成果转化“最后一公里”梗阻等痛症所羁绊。大学协同创新绩效及其对经济增长的贡献率不显著。第一，大学科技协同创新投入对经济增长当期影响较弱，尤其对本地和周边地区的经济增长无显著影响。我国高等教育对区域经济增长的贡献率较低。研究者们利用《中国统计年鉴》和《中国科技统计年鉴》数据进行省域实证分析发现，广东、上海、江苏、江西等省域内的高校协同创新活动对区域经济的提升作用并不明显。第二，大学协同创新过程中的“校热企冷”局面尚未得到根本性扭转。我国“引企入校”尤其是“引企入研”相对缓慢，政府“纵向”与企业“横向”的科研经费投入比重亟待调试。以辽宁为例，2018年，辽宁高校科技活动经费投入中的政府资金占比达51%，企事业单位委托经费占比为42.3%，为290816.9万元，仅比2014年增长1.3%。第三，大学协同创新的科研组织与功能释放不足。大学科研资源的空间聚集密度较低，一些重大科研平台还存在成果较少与资源稀缺交织的局面，尤其是地方高校的省级协同创新中心普遍存在科研人才存量与增量不足、自主管理机制缺乏、配套支持较弱等共性问题。第四，高校创新创业教育对工程类学生的帮扶实效并不显著。分别占39.2%和42.3%的学生比较认同“学校提供全面的就业创业帮助”和“通过四年学习对职业生涯有了初步规划”，而通过对毕业生创新创业状况的进一步追踪则发现，高校毕业生创新创业教育的模式仍局限于对传统市场“经营-消费”关系进行机械式复制的“生存型”模式建构，鲜有“知识型”和“科技型”的高技术、原始创新、高附加值等“机会型”模式。第五，高校创新创业教育的生态活力不佳，已有创新创业教育体系的课程匹配性、教师续力性和品质针对性并不强劲。高校创新创业教育的课程体系欠缺与政府、社会、企业等利益相关者之间的外部衔接与知识耦合，不足40%的学生认为“学校的创新创业课程很有吸引力”和仅有35.8%的学生认为“掌握了就业创业的基础知识”。创新创业专职教师在量和质的两方面存在初始化“缺陷”，仅占43.4%的学生认为“学校拥有创新创业专职指导教师”。学生经历创新创业教育后的个体基本素质提升不高，尤其是经营、管理、竞争、创新、交流与合作等充实感不明显，分别仅占37.9%、38.7%、40.4%和41.3%的学生认为通过学习“提升了经营能力”“提升了管理能力”“增强了竞争能力”和“激发了创新思维”。第六，高校的政策、人事、资金和场地等综合支持机制，以及成果孵化、“预创业”效益及风险评估、知识产权保护等重点配套机制仍无法满足创新创业者的现实诉求。在学校能“提供详细创新创业政策法规解读”“建有功能齐备的创新创业基地”“开展形式多样的创新创业竞赛活动”“出台激励创新创业的制度”“择优资助创新创业项目”和企业“定期赞助学生的创新创业活动”等题项中，学生选择“完全符合”的比例分别仅占39.3%、41.2%、44.3%、42.1%、42.2%和38.7%。这些问题进一步说明，绝大部分工程类学生虽然具有朦胧的创新创业意愿和初级的创新创业项目，但受制于政策熟悉、资金筹集、社会资源、市场营销和管理经验等客观风险因素的制衡，使得开展创新创业的理想与行动之间存在一道无法逾越的沟壑。

（五）人才培养合作的“国际性”滞缓

高校工程人才培养的国际化进程中，学生的“本地国际化”效率和效益均不充分，国际化素质普遍存在零散化与碎片化的“非主流”现象，获取国际化信息和提升国际化能力的途径有限且相对狭窄，通过“走出去”国际化途径获得的幸福感、满意感和公平感依然较低。第一，学生接受“本地国际化”的条件水准不高和主动参与意愿较差。工程教育的中外联合办学项目存在“重点倾斜”的差异特征，仅占30%学生表示所在专业已经开展“2+2”“1+2+1”等中外联合办学项目，但这些项目主要局限于参加工程认证和国家级特色的工程类专业，无法全面覆盖和满足非重点专业的学生国际化学习需求。教师、教材和教法等教学要素的国际化普及程度偏低，其中，仅占20.6%学生表示“专业有多位外籍任课教师”，且外籍教师的任教模式普遍表现为固定周期的“候鸟式”；仅占22.7%的学生表示“多门专业课程中使用国外原版教材”，其主要内因在于学生外文阅读理解能力的限制、版权购买的经济负担和课程考核制度的欠缺；分别仅占23.6%和22.4%的学生表示专业课程中采用双语教学或全英文授课，暴露出外语教学水平的巨大障碍。学生利用校本国际化资源的频次较低和主动作为能力不佳，占比最高的31.4%学生表示不经常使用外文网络等国际化资源，几乎1/5的学生完全不参加任何校本国际学术活动，另有20.8%的学生没有与外国留学生进行交流。第二，学生“走出去”，异地开展浸泡学习和融入生活的总体规模和实际效益普遍偏低。调查映射出的问题突出囊括为两个“非常有限”，即国际化机会“非常有限”和国际化经历“非常有限”。具体表现为：其一，学生依托所学专业直接介入国际化学习和实习的机会“非常有限”。不足20%的学生认为能得到“海外公派留学机会”、参加“海外国际会议的机会”和“海外企业实习机会”。其二，学生出国期间的深度交流与实质合作“非常有限”。分别仅有21.4%和19.7%的学生表示能够参加“海外交换学习项目”和“海外短期交流（夏令营等）活动”，这反映出，虽然一些学生有幸获得出国学习的机会，但主要形式仍集中于短期的“无身份”游学访问或“非正式”项目交流。

二、应用型人才创新创业教育存在的问题

（一）创新创业教育的社会贡献力不足

目前，学生推崇“浅表式”的创新创业模式，缺乏实现知识价值的优势竞

争项目。例如，2019届本科生毕业半年后自主创业最集中的领域依次是教育、销售、艺术娱乐及休闲、媒体信息与通信、住宿与餐饮等几个非知识生产型行业领域。这种行业分布的偏差局面，一定程度说明了大学创新创业教育模式的“简单化”和“狭隘化”。在大学举办的创新创业竞赛活动中，由于缺少配套经费支持与孵化机制，许多好创意、好产品仅仅表现为证书、奖杯、奖金等“荣誉式”创新创业成果，无法实现实质性的再升级、再突破和及时转化。大学创新创业教育的现实收效不高，学生创新创业的实际效果并不理想。2016—2019年，麦可思公司对我国高职毕业生和本科毕业生毕业半年后自主创业的比例进行了调查，其中高职毕业生毕业半年后自主创业的比例分别为3.9%（2016年）、3.8%（2017年）、3.6%（2018年）、3.4%（2019年），本科毕业生毕业半年后自主创业的比例分别为2.1%（2016年）、1.9%（2017年）、1.8%（2018年）、1.6%（2019年）。通过对比可以发现：本科毕业生选择自主创业的比例明显低于高职毕业生；无论是本科毕业生还是高职毕业生，选择自主创业的比例都在逐年下滑，也就是说，大学生的自主创业想法逐渐淡薄。

（二）教育资源存在职业化和专业化供给不足

第一，创新创业课程体系设置不合理，尤其是核心课程的匹配性不佳。目前，大学创新创业课程仍以基础原理和方法论等常规知识的形式存在，开设的创新创业课程吸引力有限，创新创业课程的知识体系相对简单，开设数量和种类较少。这样的创新创业课程设置无法满足学生创新创业的知识多样化需要，更无法培养出知识经济创新驱动所需要的知识型创新创业人才。此外，大学创新创业教育的课程设置模式仍处于自力更生的单打独斗状态，欠缺与社会、行业等大学外部利益相关者的互动衔接与知识耦合。

第二，大学缺乏创新创业教师准入制度。对创新创业教师应具备的标准、条件、能力等关键要素尚未形成明确的硬性制度要求和规范性文件。大学还普遍缺乏数量充足、建制齐全的创新创业专任教师，大部分创新创业教育的任课教师由职业规划和就业指导的行政人员或教辅人员兼任，这些“双肩挑”教师习惯或拘泥于传统的定向灌输式教育模式，无法完全胜任创新创业教育的新角色、新任务、新知识和新模式。此外，我国几乎所有大学都组建了实体型的创新创业学院，但始终面临师资规模小、教学负担重的难题，以及“从校门到校门”的师资结构性矛盾。

（三）创新创业教育的实践载体不够丰富

第一，大学创新创业教育的实践属性不够清晰。随着“大众创业、万众创新”理念的兴盛，大学创新创业教育逐渐形成了“学科化”或“类学科”的发展模式，即大学创新创业教育愈加专注知识生产与学术研究，背离了以实践性、生活性和社会性为根本的教学初衷，对“为谁培养人、培养什么人”的回答不够深刻。当前，大学创新创业教育的主要问题在于理论内容多、实践形式少，学生普遍欠缺创新创业教育过程的实践训练和“沉浸式”体验，所学的创新创业知识依然停留在认知领域，没有完全迁移为实践技能或应用能力。

第二，大学创新创业教育的实践载体不够丰富。一方面，从大学内部看，校内能够承载创新创业实践教学和学生自主组织活动的创新基地、创客空间等平台资源十分稀少，而已有的创新创业教育平台载体也存在活动空间拥挤、硬件设施简易陈旧、管理体制和运行机制不灵活等诸多问题，无法充分满足学生创新创业的即时性和长期性的需求。另一方面，从大学外部看，校企协同育人还存在校热企冷的问题，即企业出于人身安全、经营成本的考虑，对参与大学创新创业教育实践环节缺乏足够的兴趣、热情和动力，造成创新创业教育校外实践基地长期匮乏的局面。

（四）大学创新创业教育文化氛围不浓厚

第一，大学创新创业教育的文化结构有待完善。大学创新创业教育的文化结构主要由物质文化、精神文化和制度文化三部分构成。具体来讲，物质文化与大学创新创业教育环境的物质基础直接相关，主要借助教育教学的基础设施、场景布置和硬件条件得以直观地显示出来；精神文化与大学创新创业教育活动的意识形态直接相关，主要体现在学生接受创新创业教育之后所形成的观念、思维、态度、情感、道德的集合及其社会行为表现形式；制度文化则与大学创新创业教育过程的复杂社会关系直接相关，主要包括政策体系、法律制度和经济制度对创新创业的明确要求和规范，以及创新创业者之间各种社会关系的总和。观照现实，大学创新创业教育中的文化成分主要以物质文化和精神文化为主，而制度文化建设则处于薄弱状态，也就是说制度文化对大学创新创业教育的引领力和保障力依然较弱。虽然大学对创新创业教育采取了建章立制的常规手段，但由于缺乏常态的、有力的监管制度，创新创业教育有章不循、有章乱循的制度文化偏差现象时有发生。另外，大学创新创业教育的制度文化还存在一定程度的同质化色彩，模仿、搬抄、移植的现象仍十分普遍，结果造成制度文化的可操作性和可适用性不强。

第二，大学创新创业教育的文化模式影响力不足。大学创新创业教育的文化模式可以分为显性文化模式和隐性文化模式。在实践中，一方面大学创新创业教育的显性文化模式影响不够持久。“写墙上、挂标语、喊口号”等传统显性文化模式的表意性欠佳，难以唤起学生对创新创业的有意识注意。典型事迹、创新创业成果宣传和推广的针对性和力度不够，难以提高学生对创新创业的带入感、认同度和自信心。显性文化模式宣传渠道及内容的丰富性、多元性和整合性不够，难以激发新生代大学生创新创业的动机和热情。另一方面大学创新创业教育的隐性文化模式影响不够深刻。在日常管理中，大学领导、管理人员、专业教师的创新创业行为文化示范不强，对学生创新创业意愿形成的促进作用和示范作用有限。教育教学中融入的创新创业元素不足，学生难以从专业知识、技能学习中提炼、升华出创新创业的理想和方向。校风、院风、学风中的创新创业内涵蕴意不足，学生难以从校园内的人文环境中汲取更多的创新创业灵感和行动目标。

第三节　地方高校应用型人才培养体系的建构

一、落实院为实体的制度改革

地方高校是培养应用型人才主体，要立足本位，切实搞好应用型人才培养的工作，以服务于地方的社会主义建设事业。地方高校要在科学发展观的指导下，根据高校的具体实际情况，面向地方社会，培养企事业单位生产管理一线的应用型人才，创新应用型人才培养的思维模式，形成地方高校应用型人才培养鲜明特色。目前，受办学传统、大学排名和形而上观念影响，有的地方高校在办学过程中总是与一些办学历史悠久的综合性大学攀比，丢失了自身的办学目标和特色。对地方高校来说，最根本的是教学的质量和毕业生的人才培养质量，这才是一所地方高校办学水平、质量与特色的集中体现。可以说，地方高校的品牌之争、人才之争，荣誉之争，归根结底是人才培养质量之争。

第一，“院为实体”的改革是为了满足大学内部资源优化配置的迫切需要。在校、系二级管理体制下，许多相关的系科由于条块分割的隶属关系、资金筹措渠道不一等原因，存在着重复设置、重复建设现象。实行“院为实体”，学院能够进行整体规划、合理统筹，这样就能更好地实现资源共享，从而避免设备闲置的现象，最终降低生均成本。“院为实体”有利于培养人才。在传统的高校管理中，系科独立造成学科相互分离，这往往使学生学到的是较为孤立的知识，形成狭隘的视野，这样的人是很难适应现代社会的。实行“院为实体”后，由于学院具有较大的学科包容性，将有利于加强学科间的联系与合作，促进学科交融、渗透，实现学术资源共享，从而更有利于学生获得完整的知识。同时，学院往往比学校更加了解所在研究领域的前沿，能够根据社会发展和市场发展的需要及时调整专业和研究方向。同时，他们会更加主动地加强与社会，特别是与企业间的联系和合作，尽可能地挖掘教育资源等，这些都表明，“院为实体”的改革，更有利于培养运用社会需要的“宽口径，再基础，高素质”的高标准人才。“院为实体”的改革也是由高校管理的特殊性决定的。高校内部权力机构一般都存在着二元的权力机构即学术权力和行政权力，现代大学的根基是学术自由与大学自治。高校是一个学术组织，其基本活动是学术活动，这是大学存在的基础。“院为实体”改革，将使学院成为拥有较大自主权的实体性单位，很好地满足专业管理的需要。“院为实体”的改革也是现代管理理论给地方高校内部管理所带来的启示。通过深化“院为实体”改革，把学院改革作为实体性的中间机构，它在学校与系所之间起到一定的缓冲、润滑作用，能有效地减弱这一矛盾。

第二，学校要正确地授权。管理科学认为权责对等就是要求所承担工作的责任范围与其在职责范围内的支配力量相辅相成，只有做到了权责对等，才能真正调动组织成员的积极性。管理者要对下属进行适度的分权与授权，组织内最高管理层应将决策的部分工作分配给下属管理层，并正确授权，这不仅有利于组织内部的信息沟通，而且也有利于创造职工参与管理的机会。二级学院的职能应转变为，在学校的统一领导和宏观调控下，制订学院的发展规划，组织教学、科研、学科建设和服务等活动，享有人、财、物管理的自主权。各学院根据实际情况和发展需要设立若干系、所和研究中心。系的设置应以一级学科或者二级学科为基础，具有一定的科学性。研究所一般设立在二级学科上，研究中心根据技术创新、产品开发的需要按行业和产品设立。跨学科的研究所和研究中心可以直属学院领导。“院为实体”对学院实行“目标管理”，强化学校的宏观作用，明确学院的责权利，实行管理重心下移，切实赋予学院的办学自主权，把学院办成在学校领导下的办学实体。由此，学院由原来的“过渡性中间层次机构”转变为真正拥有二级法人资格的实体性学院，它将拥有相当大的教学、科研及行政事务的管理权。这更可能使学院的办学积极性和自主性得以充分发挥，同时也有利于联系实际进行迅速决策，使决策更符合实际情况，有利于减少那种因权力集中在一些职能部门而容易形成的时而推诿、扯皮，对面都把自己一方阵地，造成运转不灵、矛盾甚多。

第三，结合自身实情，认真制定好应用型人才培养体系目标，要以地方产业结构对人才需求为导向，通过一定时间或一段时期努力，建设起人才培养方案科学、专业设置合理、人财物配套到位、制度规范健全、运行效果良好的应用型人才培养体系，基本实现地方高校从注重知识传授向更加重视素质能力养成的转变，教师队伍实践能力水平明显提升，实践平台更加高效实用，重视应用能力培养氛围更加浓厚，学生实践应用能力社会认可度高的目标。“院为实体”是指高校二级学院为实体性学院。应用型人才培养不同于传统的学术型人才培养或传统的建立在专业基础上的人才培养，过去大一统的模式是计划经济的产物，市场经济体制下，不打破原有的体系模式，很难适应经济社会发展的需要。改革势在必行，改革理念必须先行。理念创新就是要立足市场需求来改变我们传统的人才培养思维，应用型大学必须打破重理论轻实践的思想，围绕实践重构理论体系，革新传统的以校内实践为主的人才培养模式，加强与行业企业对接联系，融入行业企业技术信息，打造有利于学生实践能力培养的新的协同育人平台，重新构建应用型人才培养体系。

第四，学校及其有关职能部门要加强“监督协调”。一方面，因为学院与学院之间往往会产生相互封闭甚至相互对抗的情况；另一方面，由于学院的权力逐步扩大，有可能做出超越于自身权力极限的事情。这就需要学校及其有关职能部门深入基层调查研究，在此基础上加强对学院的监督和协调。这里还需指出的是，实行“院为实体”后，虽然学院的权力扩大了，但这并不意味着学院无所不能，有些事情还得要学校出面，尤其是涉及对外联系的事情。因此，在这些问题上，学校及其职能部门还需要做服务基层的工作。各高校要更新教学管理理念，深化校院两级管理改革，实行分类指导、差异化管理，实现管理重心下移，支持和强化学院的核心作用，使学校和学院两个层面都切实承担起相应责任，这样才能激发学校和学院的积极性和主动性，充分激发教授的积极性和主动性，进一步加快高水平大学的建设。学校应遵循“抓大放小”的监控权责让渡原则，从自身教育理念的整体特点出发，进行策略研究与制度建设，从直接管理变为间接管理，从具体管理变为监控管理。院系既要服从学校的整体目标，又要根据自身情况，研究并制定相应的教学质量监控体系，实现整体规范和个体优化相结合，稳步提高教学质量。很多高校已经认识到内部二级教学质量监控对于保障院系教学质量乃至提高学校教学质量的重要意义，但相比校级质量监控研究，二级教学质量监控研究还处于初期阶段，相关制度建设还不完善、不系统，形式上的监控过多。如何改进和完善高校内部二级教学质量监控机制，是进行科学、动态的质量管理和实现良性运行的重要保证。高校应引入成果导向理念，通过实时、动态监控，使教学从以教师教为中心转变为以学生学为中心，把人才培养目标与具体的教学工作结合起来，对学生的学习成果进行把控，实现“自我检查－自我诊断－自我反馈－自我整改”的二级教学质量控机制，从而达到人才培养效果与既定的人才培养目标相匹配的目的，改变院系被动接受监控和检查、时时汇报、事事请示的管理方式，实现两级管理权利的合理分配，促使教学质量和人才培养质量进入自我监控、自我调节、自我完善和自我提高的良性循环，确保教学质量的持续提升。

二、完善协同培养的教学制度

（一）以学生为中心更新人才培养理念

应用型人才培养归根结底是培养人，高校应该对现有各项政策改进时从学生的角度出发，以学生为本。随着高等教育大众化阶段的到来，应用型大学将培养目标调整为具有较强的社会适应性，一专多能，既获得专业基础知识理论和基本技能，又掌握各种现代化工具的高素质复合型人才。例如关系到学生的每项制度的修订要慎重，并尽可能考虑学生对此的反映，改进措施实施后要根据学生的反馈不断进行修正，确保改进措施的效用最大化。摆正学校和学生的位置，不是学校要根据自己的规划培养学生，而是根据各学生的特点、兴趣和社会对人才的需求，将他们培养成对社会有用的应用型人才。成功没有标准，应用型人才也没有固定的标准。只要学生能够努力工作拥有一定的理论知识和工作技能，并能为社会发展作贡献，就是应用型人才，所以应该尊重学生在应用型人才培养中的作用与地位。

培养学生的独立思考能力。应用型人才要掌握一定的理论并且能够将理论应用于实践，这就要求学生具有较强的思考和创新能力。相对于美国及欧洲发达国家的学生而言，我国大学生对学习规划、未来、自身发展方面的思考能力相对不足。学生在高中阶段每天要应付大量的作业考试，很多考试都是标准答案，学生缺少思考空间和机会，所以在大学期间要最大限度发挥学生的独立思考能力。随着大众化教育进程中生源质量差异化、教育目标多元化和人才界定基层化的转变，应用性教育的教学内容和课程设置也随之发生变化。这些变化体现在：一是浓缩理论性的教学内容，增加实践性，操作性强的教学内容；二是课程设置多样化，给学生更多的选择余地和空间，学生在选择组合方面由被动转为积极主动，学习时间也更加灵活多样。课堂教学可以布置一些开放式的作业，比如一些关系社会经济发展的问题，市场营销课程可以具体联系一种产品让学生去设计；产业经济学让学生联系所在家乡规划相应的产业；电子商务课程让学生独立去思考网店的运营策略等。课外的实践也要求学生对自己所实践的单位写出存在的问题和对策，对一些不认真的同学有相应的惩罚措施。独立思考能力的培养不是一蹴而就的，需要学校和老师的长期训练和学生的不断努力。但首先学校要认识到培养学生独立思考能力的重要性，各项教学措施的改进都要以这一点为基本点来进行，纵观各届的优秀学生，无不是对自己的过去和未来有着比较清晰的规划与思考。

重视学生情商的培养。由于精英教育时期的本科教育是培养理论型，研究型的高层次人才。教学方式多采用传统的课堂讲授方式，而大众化应用性教育侧重培养具有较强适应性的基层实用型人才的理论应用能力和实际操作能力，因此除了传统的课堂讲授，还要采用案例教学、模拟实验教学、分组研讨教学、项目教学、社会调研以及社会实践等丰富多彩的教学方式，这样才有助于培养学生的实践能力，培养具有较强社会适应性的复合型人才。应用型人才除了应该具有宽泛的理论知识和较强的实践能力，情商也是不可或缺的品质之一。学校应该重视对学生情商的培养，比如各类开放式作业可以要求两三个同学一组完成，做不好的一组同学都受惩罚，培养大家的集体荣誉感。学校可以多举办各类集体竞赛，如大学生辩论赛、创新创业大赛等，这些比赛能够促进学生相互协作，培养情商。课外鼓励学生多参加实践，多与社会接触，多与人打交道，在实践中锻炼学生的受挫能力和与人交往的能力。

（二）整合资源加快教学制度改革

在人才培养计划和优质平台等基础上，创新自己的人才培养做法，一定能够进一步提升人才培养质量。同一门课程，教学方法手段不一样，教出来的效果肯定有差异；同一个老师，照本宣科教学肯定不如研讨式，探究式，启发式教学效果来得好；同一台仪器，参观式操作肯定不如亲自动手实践效果好。在条件相同情况下，改变做法，有时会起到事半功倍的效果。应用型人才培养必须围绕培养目标，不断创新培养的方法手段，充分用好现有的资源，实现培养效果最优化。在毕业设计（论文）环节中要引导他们面向生产第一线的实际问题，发现问题，寻找课题，进行真刀真枪的实践锻炼，借以培养学生分析、解决实际生产问题的能力，把培养高层次高质量应用型人才的工作落到实处。教学上，可以创新教学方式方法，革新传统课堂，变大班化教学为小班化教学，改革考核方式方法，充分利用互联网等现代信息技术手段，采用慕课、项目化等新教学方式，设立学生导师，提前介入学生专业学习引领，提高培养效果等；学工上，可以围绕专业素质能力培养，做好职业生涯规划，组织好各类竞赛，多设立一些社团，开展好社会实践，邀请企业专家和校友做讲座，培养先进典型，调动学生学好专业积极性等；管理上，要强化以人为本，打破一些条条框框，注意发挥和调动教师和学生积极性，强化能力素质评价，拓展管理范畴，将管理触角从校内延伸到校外，重视应用型能力培养考核，运用好各类网络管理软件，改进管理方式方法，提升管理绩效。围绕应用型人才培养目标，教学、学工、管理联动，改进原有的做法，不断总结提炼新的做法，形成纵横结合、上下互动、校企融合的培养体系，有特色的应用型人才培养模式也就形成了。具体有如下几点：

（1）设置多学科交融公选课。随着经济发展和科技进步，创新越来越具有多学科融合性的特征，多学科交叉融合是高校学科发展的必然趋势。当前，在我国高等教育实施高等学校创新能力提升计划（简称“2011计划”）过程中，高校当务之急就是要通过多学科交叉融合提高学科建设水平，为提升高校创新能力和竞争力提供有力支撑。多学科交叉融合是创新的源泉，当今世界，学科前沿的重大突破和重大创新成果大多是多学科交叉、融合和汇集的结果。高校作为知识创新的重要阵地，多学科交叉融合是其新兴学科的增长点、优势学科群的发展点、重大创新的突破点。当前，高校普遍存在学科交叉融合度低、学科之间壁垒重重；科研人员多学科交叉融合意识不强，科学研究分散、封闭，资源共享不足，成果低水平重复；适应多学科交叉融合的体制机制尚未建立和完善等问题。因此，高校要转变思想观念，进一步培育多学科交叉融合的意识，积极探索多学科交叉融合的有效途径，激发创新活力，提高创新质量，全面提升高校创新能力。高校应该提高教学运行计划中公选课的占比，让学生有更多机会接触自己感兴趣的其他学科的课程，多学科课程交叉学习可以开拓学生的视野，拓宽学生的知识面，有利于今后的工作。

（2）建立应用型的课程认证。每一个大学生都是独立的个体，针对所有人采用一种教学模式是不科学的，这方面要学习加拿大因材施教的教育模式。这种教育模式不一定是设置个人专业，而是要根据个人的特点进行教育。比如有的学生动手能力强，那么他就不适合天天坐在教室学习理论知识，应该给他更多的时间进行课外实践。有的学生善于思考，善于发现问题，这样的学生教学时注意引导其上课的积极性，让其积极发言。有的学生组织能力强，就给他更多组织方面的事务对他进行锻炼。学校的一些课程不应该是完全一样的，应多设置一些可选项让学生根据自己的特长进行选择。只有因材施教才能教育出更优秀的应用型人才。学校可以与知名企业联系建设课程，知名企业参与课程的认证。知名企业代表着同行业的行进性与前瞻性，可确保课程内容的前沿性和实用性。通过了认证课程学习的同学，可以获得相应的从业资格证。很多学生学习缺乏动力，认为学习的用处不大，如果有认证课程，那么学生学习积极性会大大提高。知名企业可以通过认证课程提高企业的影响力并遴选优秀的人才加盟企业，形成共赢的局面。促进企业与高校合作需要政府给予企业相应的扶持政策，才能调动企业参与认证课程的积极性。学校专门设置信息平台，实习协调员对每个学生进行评估，并根据学生的特点选择不同的企业，既完成了实习的任务，又达到了因材施教的目标。

（3）探索多样化的培养办法。应用型人才培养要求高校教师付出更多的时间与精力，如导师制需要教师用课余时间指导学生的生活和学习，要求导师付出自己的关心与努力。人才培养要求教师不断学习新的知识，所以作为高校教师的学习科研压力很大。为了使教师能够更有激情和动力投入应用型人才培养的工作中，应该提高高校教师的福利待遇，特别是一线教师的福利待遇，这样才能够使教师这一职业实现良性的可持续发展。另外，可以采用末位淘汰制度，对一些能力不足、教学不认真、对学生不关心的教师，淘汰出一线教师岗位。只有有了一流的教师队伍，才能够培养出优秀的应用型人才。教师对自己所教授领域的前沿知识应该了然于胸，这样才能更好地指导学生学习和搞科研。各高校应该鼓励教师不断进修、学习，充实自己。当然教师也并非全能，但作为教师应该知道如何用一些较困难的问题去激励学生的热情和想象力，教师的知识老化得很快，所以要跟上时代的发展教师必须不断学习，更新自己的知识体系，以满足学生的求知欲。借鉴英国大学的个人发展计划和学术导师制，给每位新入学的同学指定相应的导师，导师参与学生的整个大学生活，这样做的好处在于及时给学生指明努力的方向，并给予前进的动力。导师不一定要很频繁地参与学生的各项活动，但每学期至少有两到三次，学期初和学生见面制订新学期计划，学期中进行检查和修正，学期末总结和制订下一步计划。导师的监督会使学生学习有压力和动力，使学生在大学的生活更加有意义，不会在毕业找工作时才感慨自己的学识和认知有限。

三、搭建能力培养的实践平台

实践教学既是地方高校要重视开展的教学主要任务内容，也是地方高校投入不足等原因而产生的短板，强化实践教学环节建设，必须创新发展理念，突破原有的思维模式，充分挖掘社会资源，多措并举，提升学生的实践能力水平。

（一）校企开展深度合作

校企合作培养适销对路的应用型人才。地方高校要加强与政府有关部门，地方的行业协会以及中、小企业的联系，实行校企联合办学，共同培养社会和企业所需要的各类应用型人才。企业可以根据自己的人才需求，提出具体的专业设置与人员培养计划，提出培训的具体目标和要求，校企双方共同商定教学计划、课程设计。在教学内容上，要共同商定教材与教学内容，使教学更具针对性。高校主要负责理论教学、实验，企业则负责实习，选派实习指导老师，开展工程技术培训等。校企双方共同管理，互派人员担任班主任、辅导员，相互配合、支持。实行校企紧密合作、强强联手、优势互补、合作共赢，努力为企业培养、输送适销对路的应用型优秀人才。加强实践性教学环节，重在培养与提高学生的动手操作能力。高级应用型人才最本质的特征就是专业素质高、动手操作能力强、通用适应性强。这就需要我们改变地方高校现在所实行的传统教学方式与人才培养模式。可以说，因地方本科高校基本上是由专科学校升格或合并而成立起来的，办学的历史都不长，也没有现成的教学与人才培养模式可供学习与借鉴，大家都是在办中学，在学中干，在探索中前行，在摸索中总结经验。因此，其开始阶段模仿，借鉴研究性大学的教学与人才培养模式也毫不奇怪，故存在着与研究性高校的研究型人才培养的模式相同、相近、相似的状况与弊端，往往注重的是理论教学，轻视实践性教学，存在着与研究性大学严重的趋同趋势或雷同现象。这就需要我们解放思想、转换脑筋、更新观念，努力按照应用型人才培养自身规律与客观规律去办事，切实加强和强化对大学生的应用实践训练，重在培养大学生的动手与实际操作能力，提高大学生包括“创造”“创新”能力在内的综合素质与整体能力。

（二）提升实践课的工程要求

我国应用型本科院校的实验课大部分是比较单一的验证性的实验项目，学生从中收获的应用能力不足，创新能力很难得到大幅度提高。在实践课程的开设上，可以考虑重新设置实验项目，保留一部分能够锻炼学生基本实验技能的验证性项目，将大多数实验改造成代表本学科前沿的综合性、设计或研究创新性实验项目。教师在设计实验项目时只给出实验的目标和实验的条件，具体的过程让学生自己去设计，在具体操作中锻炼学生的操作能力。我国可以借鉴德国的实践教学模式，与企业进行合作，以某企业的具体需求进行实践，在实践中增加学生的各项技能，学校和企业联合培养学生，企业给予学生的评价同样可以影响学生的毕业与就业。学生可以根据教师的科研课题在指导教师的带领下进行调研，一方面提高学生的研究能力，另一方面为教师提供科研的基础资料。很多高校有暑期的学生社会实践，有的学校是给定学生题目让学生自己调查，然后写一篇调查报告。这样做的问题在于，有不少学生根本没有调查，或者简单调查了事，收集上来的数据根本没有科学性和准确性，浪费了学生的精力和时间。

（三）统筹实践资源构建平台

应用能力培养要有平台支撑，各个高校都有一些自己的平台，如实验室、工程中心等，这些平台建设投入大，受经费和条件所限，难以发挥较大作用。要建设有特色的平台，必须开放思想，从社会挖掘资源，利用行业企业等现有平台，开展应用能力培养。一是加大实习基地建设力度，灵活调整教学计划安排，将认识实习和生产实习分开，让学生早点熟悉企业生产情况，加深对专业的认识了解，激发专业学习兴趣，将实习时间延长，设置实习学期，变走马观花式实习为学期实习，提高实习效果；二是与行业企业合作培养，利用行业企业的平台技术优势，协商制订符合行业企业利益发展的培养方案，让行业企业愿意承担人才培养任务，在完成人才培养任务同时，实现选拔人才和技术攻关等目标，建立起相对稳定的合作关系。利用行业企业平台，可以让老师带着学生在企业平台上完成实践培养任务，可以是短期的以项目为载体的，也可以是一个学期甚至全年的顶岗实习，依托企业平台探索形成的应用能力培养模式，一定是有特色的，也是能够较好实现应用型本科人才培养目标的模式。

四、建成高质量的教师队伍

（一）提升教师队伍素质

人才培养计划需要教师去实施，应用型人才培养计划需要有丰富实践经验的教师去实施。实践经验丰富的教师可以从企业聘用一部分兼职教师来担任，但很不稳定且成本较高，不是教师队伍的主流，主要培养任务还要靠学校自身的专任教师来完成。

鼓励教师积极进行教育教学的改革创新。应用型人才培养的适应性和不确定性需要地方高校进行改革创新，市场经济条件下，改革应成为一种常态，只有正确认识改革，勇于进行改革，走改革发展之路，地方高校才有生机与活力。改是要有基础的，革是要有胆量的，关键在于改什么，可以改变整个人才培养体系，也可以改革其中某一个环节，也可以改革一些具体实施办法等，无论怎么改革，必须进行系统的谋划和精心的设计。现有高校专任教师一般是从学校到学校，实践经验相对欠缺，实践能力不足，需要补上这一课。那么如何补，需要各个高校重视并强化他们的实践能力培养。概言之，教师要具有既精通理论知识，又能动手操作，解决生产实际问题的良好专业素质与本领。这是地方高校培养高层次、高质量实用型、应用型人才的迫切需要和重要保证。一般说来，地方高校教师都要向“双师型”的方向发展和努力。学校要有计划、有组织地抽调部分教师去厂矿、企业进行实践锻炼，同时也要有意识地从厂矿、企业选择一些既具有丰富实践经验，又具有扎实理论知识基础的工程师、工艺师充实到我们的教师队伍中来。这样，大家相互促进、相互配合、相互影响、相互作用，相互取长补短、集思广益，努力使地方高校“双师型”的教师队伍建设早见成效，尽快形成地方高校应用型人才培养的鲜明办学特色与优势。

主要从以下几个方面着手：（1）以老带新，让实践经验丰富的老教师带年轻教师，随堂听课，或参与项目团队，或指导实验实训等；（2）项目培养，让教师申报各类应用型教研科研项目，在项目实施过程中，学习提升实践能力；（3）联合培养，与合作企业或高校等签订协议，明确培养任务目标，共享相关资源，利用对方的实践平台项目等，培养教师的实践能力；（4）送出去培养，让教师脱产到有合作的企业等单位，顶岗工作，参与企业项目任务，了解企业生产工艺流程，在真实环境中培养教师的实践能力；（5）挂职锻炼，根据各类组织部门对人才培养的任务要求，鼓励教师积极申报科技镇长团等各类锻炼项目，到政府和企业挂职锻炼，按照挂职要求完成相关任务，达到锻炼能力和熟悉一线技术的目的。

（二）完善人事激励机制

推进学校人事制度、分配制度的改革，在实行定岗定责的基础上，实行岗位责任制和聘任制，在奖金分配上要按照工作实绩拉开差距，打破平均主义，这都是必要的。换句话说，要充分调动广大教学、科研人员的积极性和主动性，当然要考虑到他们的物质利益，运用物质利益进行激励。但是，必须指出的是，对于高校教师这样一个特殊群体，仅仅运用物质激励手段是不够的，还必须积极运用其他激励手段，譬如精神激励。有研究认为：各种组织影响和控制其成员的因素，可以归纳为性质不同的三类，即强制性因素、功利性因素和规范性因素，这构成三种不同的心理功能。尽管任何组织都或多或少地具有这三种功能，但在不同性质的组织中，这三种心理功能的重要性程度是不相同的。对高等学校的教学和科研人员的管理，应主要靠规范性因素的作用，即靠人格规范和学术规范来影响和制约，因为教育理想和科研理想是大学的灵魂，也是大学教学、科研人员的根本动力因素。积极运用规范性因素，往往能够更好地使他们获得一种存在感和公平感，获得一种尊重，这也许更能激发他们的工作积极性。如果套用企业管理的某些方法，引导人们为获取物质利益而斤斤计较，干什么事情都要计工作量和报酬，就会导致教育理想、科研理想、人格和学术规范的毁灭，带来严重的恶果。国外有学者也认为：大学组织不是“强制组织”，也不是“功利组织”，而是一种“规范组织”，这种组织主要依赖不大可能导致疏远的个人影响力和专长权。

第四节　深化应用型人才供给体系的结构性改革

应用型人才培养体系强调在应用基础上建立起来的一种人才培养运行方式，这个模式一旦建立后，应有相对固定的结构形式，稳定性较好，且能够在一定范围内进行推广。应用型人才培养体系构建过程中，必须重视应用知识和应用能力的培养，知识主要是作为一名本科生必须具备的基础知识和专业岗位需要的技术知识，能力主要围绕应用展开：不仅是岗位能力，更是岗位拓展能力；不仅是专业能力，更是复合型能力；不仅是就业能力，更是一定的创新创业能力；不仅是应用技能，更是创造性技能。基于此，构建应用型人才培养模式时，必须考虑到与学术型人才培养模式的差异，在应用上做文章，打应用牌。应用型人才培养模式可以多种多样，各个学校的情况不一样，建立起来的模式肯定有区别，不管建立什么样的模式，如何找准自身定位，结合自己的学科专业特色，拓展与学科专业紧密相关的合作渠道，提炼出有特色的应用型人才培养模式很关键。

一、完善供给机制，建立多样化的应用型人培养体系

党的十九大提出按照全面建成小康社会要求，紧扣我国社会主要矛盾变化，坚定实施科教兴国战略、人才强国战略、创新驱动发展战略、乡村振兴战略、区域协调发展战略、可持续发展战略和军民融合发展战略等一系列重大战略措施，这些新战略是科学谋划地方高等教育改革发展的指南和依据。充分释放地方高等教育的人才培养、科学研究和社会服务的核心功能，必须从高校生产端进行人才培养“去产能”、“科学研究”去库存和社会服务“补短板”的愿景厘定，即优化高校应用型人才培养体系，提升高校科技成果转化效率和效益，拓展高校服务经济社会全面发展能力，这已成为回应办人民满意高等教育的发力重点，以及保持地方高等教育与经济社会协调发展的有效举措。

（一）充分释放地方高校服务区域经济的人才培养功能

人才培养始终是大学最基本的和第一的功能。长期以来，人们对高等教育内外关系规律的深刻认知，导致对人才基本素质与核心能力的诉求聚焦，进而形成新供给并创造新需求。

第一，必须把深化地方高等教育品质供给改革作为重要的突破点，增加有效供给，剔除无效供给，推动地方高等教育建立衔接有序、特色凸显的应用型人才供给体系。一是明确应用型人才培养的目标。应用型与学术型人才培养的目标不同，普通工科院校在确定人才培养目标的过程中，应该抓住主要问题：一是要明确培养什么样的人才，即人才培养类型的指向定位；二是要明确这类人才的基本规格和质量。根据新时期区域经济和社会发展对人才需求的趋势，确定“应用型人才”的基本规格和质量。实际上，普通工科院校在人才培养过程中正面临着前所未有的机遇，主要包括：一方面，科技发展推动职业岗位知识和技术知识含量提升；另一方面，科技发展和市场经济转型催生出了新的职业岗位，特别是对复合型职业岗位的需求增加。为了不断满足社会经济发展的需要，社会势必对普通工科院校的毕业生需求加大。普通工科院校应该抓住这个机会，将培养生产、建设、管理、服务第一线工作的高级应用型人才作为今后学校人才培养的重点。

第二，提升高校专业学位研究生培养质量。持续构建适应高端应用型人才需求、结构合理、特色鲜明的专业学位研究生培养体系、质量保证与监督体系，深化专业学位研究生在培养模式、课程设置、教学方式、导师队伍、校外平台、国际联合等方面的综合改革，在订制培养、导师培育、基地建设等方面创新高校与行业企业的跨学科、跨机构联合培养机制，适当扩大知识产业、信息产业、文化产业、金融产业和现代服务业等新经济领域的招生规模，尽快建立起以市场需求为导向的专业学位研究生培养模式，不断增强专业学位研究生课程的实践性与应用性，注重提升专业学位研究生的职业胜任力和职业发展力。

第三，建设知识型、技术型、创新型的创新创业劳动者大军。坚持市场化改革方向，全面深化高校创新创业教育改革，充分借助和发挥创新创业政策杠杆的引领、撬动和催化作用，加大对创新创业场地、设施等硬件环境和软件条件的资金投入，建立具有行业特色的众创空间和创业孵化器，加强创新创业教学制度和课程体系建设，建立具有“双证、双职、双能、双创”能力、技艺高超的创新创业专任教师队伍，推动学生创新创业的创新指导、创业孵化、公共服务和创业竞赛等校内支持体系建设，探索将创新创业管理的重心向二级学院转移，并建立二级学院开展创新创业的跟踪机制、监督机制、评估机制和动态管理机制。

地方高校应根据自身行业特色和区域经济社会发展需求创新人才培养模式，实现与地方经济社会发展需求的对接。高校应以市场为导向，不断调整自己的人才培养计划，和相关企业建立长期的合作关系，按照企业的人才需求，确定人才培养计划，充分发挥学校的区位与行业优势，把产教协同合作为应用型人才培养的一个切入点和突破口，围绕塑造实践能力强的高级应用型人才的培养目标，深化实践教学改革。

第一，持续加强校内实习实践基地和仿真实训中心的场景和功能建设。实践教学基地是学生在校期间开展专业实习和仿真模拟实训的重要载体，目的是让工程类学生获得作为工程专业人员所必需的实践工作经验，养成初级的工程意识和职业意识。面对高校办学规模和学生数量的不断扩大，以及企业成建制接收工程类学生实习实训意愿较差的现实困境，高校应集中有限的人力、财力和物质资源，在校内建设与生产操作、产品加工、设备控制、仪器检测、应急处理等企业真实环境相匹配的实物或虚拟仿真实习实训基地，使校内实践教学贴近行业、贴近企业、贴近职业，推动工程类学生所学的专业理论知识得到及时巩固、内化和迁移，逐步提高动手能力和操作能力。同时，丰富校内实践基地建设的组织模式，构建高校独立建设、高校带动企业参与建设、校企共建等多种建设模式。其中，高校带动企业参与建设模式是依靠长期稳固的校友关系，或校长、教师与企业主要负责人私人关系的“熟人效应”达成合作，促使企业以远低于市场的价格将仪器设备半卖半赠给高校；而校企共建模式则是双方明确权责关系，通过校方提供场地安置设备、派遣教师为企业的新老员工进行入职培训和继续培训，以及企业提供实训设备并负责后续维护等途径，促使双方达成正式合作，共建实习实训平台。

第二，加强校外共享型公共实习实训基地建设，解决各高校各自为战和校企分散重复建设的难题。积极打造校内院系和校际间的跨学科、跨专业的共享型、虚实结合公共实习实训基地，通过建立健全高校实践基地之间良好的项目合作、人员交流、设备共享等制度环境，加强国家级、省级和校级等各类实践基地优质资源的衔接互补，提升工程类学科专业的基础教学条件，营造浓郁的理工、文工等跨学科协同教育氛围。高校还应与技术先进、管理规范、社会责任感强的规模以上企业强强联合，以工业园、产业园、科技园、创业园等为根植载体，在校外建立综合化的工程类专业实习实训基地，以及覆盖全产业链的工程类专业模拟仿真教学基地，尤其针对企业的工艺改进、产品设计、技术开发和生产流程等工程技术技艺领域，定向开展“短、平、快”问题导向式教学和“精、准、急”市场导向式教学，并且拓展学生认知实习、跟岗实习、顶岗实习等多种实习形式，全面提升高校工程人才培养过程中的实践效果和质量效益。

第三，尝试在境外高校和企业建立工程实习实训基地。高校对标海外企业对高素质工程技术和科技人才的岗位具体能力与通用基本素质要求，通过与海外企业和行业组织签订协议，依托海外企业的优质工程实践条件、国际化的企业制度准则和多元文化的工作氛围，共建“国际工程实践教育中心”和引进国际职业资格证书，有针对性地开展境外企业实习实训，以及参与工程设计与项目研发等工程实践训练，共同培养高等工程领域的国际化紧缺人才。

第四，建立政校企相互补充的多元化资金投入体系。建立高校实践基地稳定的政府财政和企业投入保障机制，完善高校内外实践基地政府固定资金、高校专项资金和企业计划资金的使用及管理办法，实现政校企资金对实践基地尤其是教师培养、材料消耗、仪器设备更新升级、安全防护、仿真模拟技术等关键领域的精准发力。同时，引导高校自力更生，加强对实验仪器、设备等基础教学资源的自主开发、模仿创新及回收应用。此外，政府应建立与绩效考核挂钩的高校实践基地资金动态管理机制，对实践教学成果效益高和成果显著的高校给予经费奖补和动态增幅。

（二）全面提升地方高等教育科技成果转化的供给能力

自洪堡改革后的柏林大学伊始，科学研究便成为大学生存的主要事业与发展的核心竞争力。充分释放地方高等教育的科学研究功能，必须把深化高等教育长效供给作为重要的发力点，通过深化高校科研机构和科研体制的“去行政化”和市场化改革，解除技术创新的抑制，化解高校科研成果供给积压问题，全面提升地方高等教育科研成果转化的供给能力。

持续深化高校科技创新机制改革。首先，充分发挥政府在促进高校科技成果转化过程中的主导功能。制度经济学认为，“制度供给、裁定、实施以及创新均是政府的主要功能”。政府作为制度唯一的供给者，主要着眼点应是制度优化、重构和创新，因此，应探索解除制度与管理的供给抑制，监督落实现有促进高校科技成果转化激励政策，完善高校科技创新驱动发展政策体系建设，健全高校科技成果知识产权保护机制，建立高校科技成果转化“经纪人”制度，探索开展高校科技成果转化改革试点，探索针对特殊行业、重点领域、重大成果的“一事一议一方案”工作方式。其次，落实高校对促进科技成果转化的主体职责。逐步完善以能力和贡献为导向的高校科研绩效考核制度，对从事基础和前沿技术研究、应用研究、成果转化等不同活动的科研人员，建立有利于调动积极性的分类评价制度。持续加大对高校科研人员的绩效激励和收益分配力度，逐步解除高校科研人员的流动抑制，建立健全高校科技人员校企双向流动和专兼互聘机制。加强科技成果转化的信息平台、服务机构、专业人才和投融资体系建设，推动高校科技成果快速转移、就地转化和规模产业化。探索开展订单式科技创新和成果就地转化，充分发挥大学科技园对高新技术企业的孵化作用，建立形式多样、功能齐备、人员专业的技术转移中心，打通高校科技成果转化到经济效益的“最后一公里”。最后，建立高校科研与军工科技的融合创新机制。依托军事院校、原军事行业院校和著名军工企业探索建立军民融合创新示范区，建立健全高校教师、科研人员参与军民融合创新项目的评价机制和激励机制，推进高校和军工的科研资源与科研体系的开放、共享，建立合作共赢的国防科技成果转化机制，加强高校国防知识产权的军民转化利用和涉密保护。

（三）拓展地方高校服务县域经济和乡村振兴能力

源于美国赠地大学系统的社会服务已成为大学的重要使命。美国赠地大学系统不但进行农业科学及机械技术方面的教学和研究，其特别之处更在于作为美国“科研-教育-推广”三位一体农业科技推广体系的核心成员，承担着农业科研成果的推广任务。充分释放地方高等教育的社会服务功能，必须把深化高等教育平衡供给、解决供给不足的总量矛盾和服务战略位移作为重要的蓄势点，积极拓展高校服务县域经济发展和乡村振兴能力。

第一，强化区位立地意识，积极探索高校服务新农村建设的新格局、新模式和新机制。政府的“放管服”改革、分类管理与分类绩效考核机制的探索性建设等关键制度性变革，会提高地方高等教育对已有物质和非物质资源的利用能力，刺激社会服务功能产生新的供给效率，进而形成新的产品附加值和供给渠道。因此，政府应大力引导地方高校全面参与美丽乡村建设，加强高校在新型城镇化、环境保护、生态修复、农业文化、综合整治、社会服务等领域的涉农智库培育和多学科交叉研究，进一步完善激励制度，促进高校教师和科研人员深入农村一线开展农民继续教育和农业技术培训。地方高校应主动构建以涉农类高校和涉农学科专业为依托的农业科技推广服务模式，促进高校服务农业县域经济和农业产业集群发展，广泛与涉农企业联合建立综合示范试验基地、特色产业示范基地、分布式试验站，探索建立高校协同创新中心分部、校企联盟分支、大学科技园分园、校地研究院分院等农业科技成果转移、推广和产业化基地，加强高校对农业现代化的关键技术支撑，带动农民增收致富。同时，高校与地方政府应坚持“扶强扶优”与“扶弱扶需”相结合原则，并按照“一市一院”的植入共建模式，针对农业生产、农民生活、农业科技等各具特色领域，政校共建一批新农村发展研究院，持续加强农业发展战略规划、“三农”政策体系和农业生产科技等研究。

第二，充分借助“互联网+”的高新技术驱动，促进高校优质教育资源向农村延伸和覆盖。现代信息技术的产生和大范围应用，能够形成新的供给活力，提升高等教育供给创造需求的衍生能力。因此，积极整合高校远程教育和大规模在线教育资源，广泛开展以农业生产和农民生活为核心课程的大规模在线教育，促进知识的定向生产、精准加工和快速传播，同时，政府应鼓励社会力量参与高校涉农“慕课”“微课”平台的制作、运营与维护。推动“互联网+”现代农业新技术的深度融合，重点建设“互联网+农村城镇化、农民市民化和农业产业化”等实用导向的高校网络服务平台，持续为农民提供政策、市场、科技、保险等生产生活信息服务；综合利用大数据、云计算等现代科学技术，建立涉农高校农业信息监测体系，为灾害预警、耕地质量监测、重大动植物疫情防控、市场波动预测、经营科学决策等提供精确服务。

第三，加大支撑乡村振兴的“三支一扶”基层项目实施力度。持续扩大乡村基层优质管理人才供给，进一步加强行政部门与教育部门的政策协同保障和经费共同支持，增设面向偏远地区、艰苦行业的就业创业项目以及城市社区文化和公共服务岗位等项目，引导高校毕业生从事农村全科医生、农村教师、乡镇社区管理、农技推广等工作，完善“三支一扶”的招募机制、培训体系、考核机制、服务体系和后续管理机制。依托高校优质教育资源建立形式多样、功能齐全的农村社区学院，重点开展学历教育、技术推广、扶贫开发、劳动力转移培训、社会生活教育和劳动技能大赛，全面培养高素质的农业技能型人才和新型农民。同时，高校还可以通过科普宣传、文化讲座、文艺汇演、体育竞技、学生实践等多种形式，因地制宜地参与乡镇、社区、街道等基层文化。

二、促进“产业链－学科链－专业链”的契合贯通

大学与战略性新兴技术的协同中枢是由大学与政府合力推动的学科链、专业链与技术链之间的目标衔接和功能整合。置身“知识技术”高度协同的大学科、大任务和大系统时代，以知识生产、扩散与转化为目标的大学学科专业建设机制正从“教学－研究”学习联结体逐渐转变为“生产－教学－学习”联结体，并从大学的“学科－专业”基本学术制度演进为“学科链－专业链－技术链”校企协同制度。

第一，政府应优化对学科专业的动态调整与强制性变迁机制。一方面，政府应引导大学的学科专业增设逐渐向智能装备制造，航空航天、新一代电子信息、石油化工、医疗制药、钢铁冶金、材料工程、环境工程、农林科技、海洋资源和现代服务业等新兴领域和紧缺领域倾斜，支持大学针对战略性新兴产业的工艺、材料、技术和产品价值等迫切需求自主增设二级学科专业。另一方面，政府应加强学科专业的“扶优、扶强、扶需和撤弱”统筹治理能力，完善对大学学科专业的绩效考核和动态拨款机制，对同质化倾向明显、教学资源匮乏、社会需求不旺盛、招生与就业前景欠佳的长期弱势学科专业进行经费限制或数

量调减。

第二，大学应完善开展新兴、交叉学科专业建设的快速反应与常态应变机制。首先，大学应及时启动新工科、新理科、新农科和新医科等学科带头人培养工程，制订跨学科知识、跨专业技术等深度融合的“复合型”学科带头人遴选标准，探索跨行业、跨学校、跨学科的兼任互聘机制，并通过主动开展政府评估、社会第三方评估和自我评估等多样化的质量监控活动，切实提高各类新兴学科对战略性新兴技术的支撑能力。其次，大学应大力培育“强－弱”交叉融合的学科专业增长点，主动援引国际、国内的学科专业教育优质资源，探索建立以强带弱、取长补短、共享共赢、协同创新的学科专业深度合作机制，瞄准大团队、大平台、大项目和大成果等质量内涵精准发力，积极寻求学科专业发展实力的新突破。最后，大学可通过建立学科专业的战略领导机制、制度服务机制和多中心治理机制，明确主要领导对学科专业建设的统筹协调职能，完善规划教务、科研、人事等职能部门对学科专业建设的资源共享、人才流动与合作交流等制度，赋予二级学院学科专业建设执行中教学、科研、经费和人事等方面更多自主权。

第三，政校应联合建构对接技术需求学科专业群的形成与自动适应机制。政府应将区域内的高水平研究型大学作为龙头、地方高校作为主干、各类企业作为依托，围绕本地区战略性新兴技术的信息经济工业带、智能经济圈、实体经济技术集群等整体布局与战略规划，构建高度开放、校企协同的大学学科专业群“三核”驱动模式，创建面向技术前沿领域的交叉型基础学科专业群。大学应立足战略性新兴技术萌芽型、成长型、成熟型的建设周期和演进过程，建立多种形式的基础学科及跨学科战略联盟，加快横向学科群与战略性新兴技术的利益均衡、行业诱导、循环累积、网络系统等耦合机制体系建设，强化制度认同的跨界混合学科群自组织作用。

三、提升治理能力，建立创新创业教育长效机制

（一）落实制度保障，推动大学创新创业教育快速发展

第一，落实落细促进学生创新创业的激励政策。美国曾针对创新创业项

目制定了多项政策，支持民众、企业、大学进行创新创业。例如，“创业美国（Startup America）”和“选择美国（Select USA）”两项政策，旨在鼓励民众、企业进行大规模创业。这些政策红利有效提升了美国大学创新创业教育的规模和效益。因此，政府应因势利导地围绕区域经济社会发展需求和产业结构调整方向，多措并举地支持、鼓励与引导大学开展需求导向、效益为本的创新创业教育。同时，政府还应针对学生创新创业“孕育－成长－成熟”不同阶段，加快完善学生创新创业的培育孵化政策、定向支持政策、成本分担政策、风险防范政策、投资融资政策、转化收益政策、信息服务政策、法律援助政策、产权保护政策和税收减免政策等，推动大学创新创业教育提速增质。

第二，完善大学创新创业教育的制度保障体系。一方面，建立大学创新创业教育有限资源的竞争性分配制度。大学创新创业教育的最终效果很大程度上取决于实际拥有的和可自主支配的资源配额。因此，政府可以探索实施大学创新创业教育的全面绩效考核制度，推动财政拨款由无差别投入型向以绩效考核型为主、定额投入型为辅转变，建立与大学创新创业教育贡献和毕业生创业就业效率挂钩的办学经费差异化分配拨款制度，并将政府专项资金安排由事前资助转为事后奖补。目前，大学创新创业教育的评价指标体系还不完善，缺乏以创新创业成果为导向和社会绩效为核心的衡量指标。大学应构建合理、科学的创新创业教育绩效考核指标体系和多主体共同参与的评价机制，把绩效考核结果作为学院、学科、专业、课程、师资和基地等创新创业专项投入额度调整和划拨方式转变的重要依据。另一方面，健全大学创新创业教育经济价值的保护性激励制度。当前，大学创新创业教育评价仍嵌置于大学评价体系或学科专业质量评估的绩效性制度范畴中，缺少针对学生创新创业思维、意识、能力等基本素质提升的时效性量化指标。政府应通过建立市场化、社会化、专业化的大学创新创业知识产权保护机构或仲裁组织，推动大学创新创业知识产权的投融资服务联盟试点及第三方评议试点建设，开展知识产权“经纪人”的校企定向服务、成果培育及价值分析、专利申请全程指导与利益分配调节等途径，逐步健全大学创新创业教育的成果保护制度与公共服务制度。

（二）优化教学体系，激发大学创新创业教育的内生活力

第一，优化大学创新创业教育课程体系与知识结构。首先，加强创新创业基础、就业创业指导等实用性基础课程的“能力－需求”对接建设。大学应面向产业体系链、产品价值链和科技创新链，建设与从业资格和职业资格无缝衔接的创新创业特色基础课程。定期组织专任教师、企业人员和创新创业典范校友共同商讨课程目标，协同开展课程评价，合作编写配套教材，促进学生的创新创业知识、技术、能力、素质与社会需求的衔接对应。其次，加强创新创业项目参与、创新创业能力训练、创新创业成果转化等发散性选修课程建设。大学应通过创建企业经营模拟式、经典案例研讨式、校企互动实训式等多样化的选修课程教学形式，促进创新创业教学从“学”的简单认知转变为“做”的复杂行动。再次，加强以科研成果转化为重心的创新创业“第二课堂”建设。大学还要依托种类丰富的实验室和工程中心，促进优质科研资源向本科生和本科教学的“嵌入耦合”，广泛吸纳学生参与研发、设计、工艺等科研项目的中间环节和成果落地转化，建立学生参与创新创业成果转化过程的就业创业跟随体制。同时，大学还可以建立资源共享的创新创业教育“微课”“慕课”联盟，全面整合不同院系、不同学科专业的在线教育、远程教育等新媒体融合技术和教学资源，广泛开展以工业生产和企业创新为核心课程的在线创新创业教育。

第二，稳定大学创新创业教育师资供给。教师是教学中最重要的角色，教师整体素质的高低将直接决定创新创业教学质量的优劣。首先，提升创新创业教师的数量和质量，夯实创新创业教育由形式到实质的进阶基础。大学创新创业教育的首要工作是通过招聘、转岗、跨学科流动等自组织方式，对创新创业专任教师数量进行有计划、有步骤的扩充。尤其是专任教师的校内跨学科流动能够为创新创业教育带来新知识、拓展新视野和激发新活力。例如，人工智能、“互联网+”、大数据、物联网、国际贸易、商务英语、电子商务等专业教师可以为跨境电子商务的创新创业教育提供多维度的耦合知识，赋予创新创业教育更高效的应用导向和更务实的教学目标。其次，完善以创新创业能力和素质为核心的专任教师弹性培养机制。大学可以要求任课教师每个学期抽出一定的时间

到企业进行实践或挂职锻炼，其余时间则在学校正常授课；或每周抽出一天用于为企业提供创新创业方面的服务和支持，其余时间用来完成教学工作。大学要在保证专任教师“蓄水池”存量充足的前提下，完善创新创业专任教师的准入制度、遴选标准和考核指标，进行“能出能进、能上能下”的增量动态调整。同时，大学还要深化创新创业教师评价制度改革，完善面向创新创业教师的职称评聘指标体系及评聘机制，设置“创业型”“教学创业型”“创业教学型”“科研创业型”“创业科研型”等不同类型职称，为创新创业教师提供晋升渠道，从而激励创新创业教师更好地开展创新创业教育工作。再次，优化创新创业教师队伍结构。大学应增加创新创业教师队伍结构变量，畅通兼职教师来源渠道。大学可以充分利用自身存在的行业隶属关系以及校友关系，邀请企业领导、技术专家、知名校友和职业经理人与学生们分享他们创新创业的经验，解答学生们创新创业过程中遇到的问题，提升学生们创新创业的热情。大学可以多措并举地吸引政府官员和专家学者定期对有创新创业意愿和热情的学生开展业务培训及政策解读、开设企业经营专题讲座、举办行业前沿趋势报告会，甚至是“一对一”帮扶。大学还可以定期评选创新创业优秀兼职教师及优秀校外指导员，并通过颁发聘书、媒体宣传、费用补贴等在精神与物质层面给予兼职教师一定的价值回馈，提升其归属感、价值感和使命感。

第三，完善大学创新创业教育质量评价机制。大学需要全面建立创新创业教育常态化、灵活化和科学化的评价体系及其运行机制，通过社会评价和学校评价的相互补充形式，不断发现并解决创新创业教育过程中的普遍矛盾和特殊问题，及时调整育人目标、修订培养方案以及升级教育模式。具体而言，在行业评价方面，大学应定期组织行业协会和学生创业企业进行创新创业教育质量跟踪反馈，建立以行业贡献度、用户满意度和产品实用度为核心的评价体系；在学校评价方面，大学应建立周期性与随机性相结合的创新创业教育评价机制，完善院系、教师、学生之间的创新创业教育质量互评机制。大学通过合理建构内外评价机制，能够依据评价结果有针对性地改进创新创业教育全过程。此外，大学还应借助大规模网络调查和大数据分析等现代评价技术手段，长期监测创新创业教育与社会需求的匹配程度，不断调整创新创业教育方向和瞄准创新创业教育热点。

（三）强化实践过程，促进大学创新创业教育的提质增效

第一，积极寻求行业、企业资源和社会力量参与大学创新创业教育。实践属性是大学创新创业教育的基本属性，过程性、情境性和价值性是实践属性的主要特征。因此，大学可以尝试组建由企业冠名、校企协同共治的新型创新创业学院，在特定的实践场域内，持续促进创新创业教育提质增效。大学应通过建立理事会管理体制、完善“双师型”教师招聘机制及创新企业内建院的异地办学模式，促进合作企业全程和深度地参与创新创业教育，推动创新创业教学目标、教学方案、教学内容、教学形式、教学方法和教学评价的实践属性回归，保持大学创新创业教育供给与企业创新创业需求的同频共振。

第二，建构校企衔接有序的大学创新创业教育成果培育及孵化机制。大学应建立灵活的创新创业教育活动形式，定期开展对接行业市场需求的创新创业竞赛，主动邀请产学研联盟企业和校友企业等紧密合作伙伴全程参与竞赛，建立定向式、委托式和协议式等创新创业项目培育形式，为学生创新创业项目提供前期指导、中期优化和后续孵化。大学还可以常态化开展由企业提供场地、设备、经费等专项资助的专属式创新创业教育特色活动，围绕企业的技术、工艺、产品和管理等方面的具体需求，采用短期制、项目制或小社团制的形式，组织有意愿、有兴趣、有专长的学生进行有针对性的创新创业教育实践，从而提高大学创新创业教育实践的效果和效益。

第三，建立阶梯式的创新创业教育平台集成体系。大学需要充分发挥科技园、协同创新中心、创新创业基地等已有平台对高新技术企业和小微创业企业孵化、转化的引擎作用，持续开展学生创新创业的订单式项目招标、沉浸式项目参与和定制式项目征集。大学需要鼓励校内众创空间的开放共享，倡导低成本、协同与互助的众创运营机制，推动“聚合”产生“聚变”效应。例如，众创空间面向所有师生开放，建立部分服务免费、部分服务收费的会员服务制度，通过沙龙、训练营、培训、研讨等众创活动促进创业者之间的频繁交流和文化圈的形成。大学更需要利用大数据、云计算等现代信息技术，建立援助性的创新创业知识产权保护平台，打造公益性的创新创业供需信息网上服务平台，组建线上线下联动的创新创业成果交易平台，通过信息化建设促进创新创业教育

改革发展。

（四）加强文化渲染，推动大学创新创业教育的高质量发展

第一，营造创新创业教育文化氛围。大学应加强专业教育与创新创业教育的融合，营造创新创业教育文化氛围。一是注重专业教育理念的融合，确立由培养少数精英向全体学生转变，推进学生整体创新创业精神培养。二是确保专业人才培养目标的融合，培养学生首创精神和团队合作、资源整合能力，同时还要帮助学生养成共享创意、永不退缩的坚强意识。三是实现专业教学内容的融合，坚持以实践为导向，构建包括专业基础、技术应用、创业设计、综合实训等内容的课程体系。

第二，促进显性文化模式与隐性文化模式的双轮驱动。大学创新创业教育先进文化对学生创新创业行为的影响主要表现在两个维度：一是借助显性文化模式的影响，理解、学习和模仿他人创新创业经验和行为，形成自身创新创业的价值观念和思维方式；二是发挥隐性文化模式的作用，提升学生的创新创业素质和助力学生的创新创业实践，从而达到育人的最佳效果。因此，一方面，要构建创新创业教育的显性文化模式释放机制。大学应加强创新创业教育的文化建设，把校园生活空间打造成创新创业教育的显性文化模式展示空间，通过有奖征集、民意调查和创意设计等方式，打造符合创新创业教育风格和展现创客精神的建筑文化、景观文化、标识文化、教室文化、楼道文化和寝室文化。大学应充分利用学生喜闻乐见的新校园媒体，如微博、微信公众号、小视频、直播等，多途径宣传学生的创新创业成果和典型事迹，营造积极向上的创新创业文化与舆论氛围。另一方面，要发挥创新创业教育的隐性文化模式催化功能。大学要以兼容并蓄、协同创新和宽容失败等先进理念引领创新创业教育隐性文化模式的建设，通过隐性课程、社会活动和创业实践等教育方式，将创新创业隐性文化模式系统地、全方位地融入创新创业教育模式改革的各个环节，并结合“三全育人”、课程思政和培育“工匠精神”行动，全面培养有思想、有能力、有素养的创新创业人才。

（五）建立联动平台，完善高校工程人才创新创业活动的环境

高校提供场地，并按照企业工程项目发展方向和产业技术迫切需求，建立学生创新创业的实践社团和实践项目，企业提供资金、设备和零部件等物质资源支持，共同打造由企业冠名建立的具有鲜明行业特色的众创空间和创业孵化器，组织创新意识强、有创业项目的学生或团队进入孵化基地进行创业孵化。例如，汽车制造企业可以打造由其冠名赞助的高校工程人才创新创业竞赛车队模式。立足高校优势特色工科专业，定期开展校－院（系）两级的有特色和综合性的科技创新竞赛活动，探索分阶段弹性式的创新创业培养机制，打造由企业赞助冠名的专业技能大赛、创新创业大赛等多样化的校企活动品牌，不断拓展企业全程参与创新创业教育改革的深度和广度，促进专业教学内容与企业技术进步的同步更新。通过有针对性的校企联合开展项目实施和任务嵌入等多样化的创新创业校企合作育人，坚持“问题导向”和“市场导向”的选择性创新创业行为，积极构建实践应用与创新创业能力相融合的“大工程”人才培养体系，持续强化学生的知识应用能力与工程创新能力。

四、完善优势互补，提高创新型工程人才的供给能力

大学与相关产业的协同体系建构，不仅是大学与企业“双元”主体之间协同创新的承载平台建设与组织耦合机制构建，更需要援引政府的外部治理力量，实现“三元”驱力的协同共建。因此，协同创新要求大学、企业与政府立足各自的创新驱动能力，进面打造动态互补的协同结构，并形成多层次、多节点、多形态、多主体的协同结构特征和协同“乘数效应”。

（一）全面深化产教融合、校企协同育人

第一，地方高校积极构建与区域行业企业发展相适应、与办学特色相匹配的新工科结构及工科专业建设机制。增强高校新工科专业设置的前瞻性、适应性和灵活性，面向区域传统产业更新升级和战略新兴产业需求，全面推进高校一流工科、重点工科、特色工科和品牌工科建设，并以行业前沿问题、企业重大技术或工程实际问题为导向，探索建设与自然科学、社会科学等交叉融合的

工科新兴学科，以及支撑三次产业体系发展的先进装备制造、材料深加工、新能源、石油化工、电子信息、生物医药、建筑业、现代农业、现代服务业等工科优势学科群。

密切跟踪地方经济结构调整、产业转型升级的趋势动态，通过建立健全高校工科专业设置预警与服务机制，完善工科专业信息平台，探索工科专业的“负面清单”，以及依据工科专业评估结果的资源调节和动态调整等科学机制，持续增强工程科技人才培养结构与产业结构的协调性和针对性。高校通过深入实施省级“卓越工程师教育培养计划”，支持二级院系与企业共建“试点学院”，深化校企协同育人的组织模式和课程体系改革，推进校企共建校内仿真实训中心和校外实习实践基地，面向产业修订各类工程科技人才培养方案，大力弘扬新时代劳模品质和大国工匠精神，广泛开展委托培养、定向培养、订单培养等多样化途径，促进产业链、岗位链、教学链深度融合，提高应用型和创新型的工程科技人才供给能力。同时，地方政府及行业管理部门联合出台政策和法规，健全企业参与校企协同育人的政策保障体系和税费减免、资金场地优先支持等各项激励机制。

第二，大学要打造“前向线性模式”和“逆向线性模式”相互补充的协同创新平台。“前向线性模式”始于大学的基础研究和科学发现，而大学基础科研的载体则是功能齐备的各类实验室。因此，大学应大力开展引领型、突破型、平台型的重点实验室升级建设：依托国家重点实验室，通过援引海内外顶尖学者、聚焦国内外科技前沿、创新实验室体制机制等途径，建立全球领先的引领型大学实验室；依托省级重点实验室，通过校校、校企、校地协同组建科研团队，通过自由探索科研项目、创新科研人事管理制度、打造多元化科研运行模式等途径，建立聚焦重大科学项目原始创新问题和突破行业企业共性关键技术问题的突破型大学实验室；依托校级特色实验室，通过“精准实新”问题导向式和决策支撑式项目研究，开展自然科学与工程科学及社会科学交叉融合研究等途径，建立有针对性地面向企业生产、销售、经营和售后等环节的平台型大学实验室。“逆向线性模式”始于企业的共性技术、关键性技术和前瞻性技术需求，承载企业各类技术的平台则是形式多样的大学协同创新中心。因而，大学应紧密结合战略性新兴产业规划布局，推进“需求导向、问题导向和特色导向”

的协同创新中心建设，充分赋予协同创新中心在机构运作、人才引进、资产管理、薪酬管理、知识产权利益分享等方面更大的自主权，并在协同创新中心组织运行中探索建立合理的利益分配机制、科学的风险分担机制、顺畅的信息交流机制和全面的资源共享机制。

第三，校企应协同建立“松散型”和“嵌入型”相互结合的创新组织。“松散型”协同创新组织的主要形式是校企联盟，大学应面向战略性新兴产业体系链中不同类型和规模的企业，整合大学创新资源，重点建设三类跨区域的校企协同创新联盟，即建设面向小微科技企业项目孵化、生产力进步和产品产业化的经典联盟，建设面向三次产业大中型骨干企业新技术、新产品、新工艺等研发创新的骨干联盟，以及建设面向区域经济社会民生领域需求和创新驱动发展的城市联盟，并完善联盟治理结构和治理机制。“嵌入型”协同创新组织的主要形式是以大学或企业为根据地，瞄准协同创新网络的关键枢纽环节，开展研发机构的校企共建。具体来讲，校企双方通过建立合理的制度安排和疏通创新能力转移渠道，立足彼此“舒适区”，瞄准战略性新兴产业的前沿性应用知识、突破性基础知识和共生性技术知识，共同建立从委托开发到生产应用的技术一体化组织、合作型博士后流动站和虚拟型创新平台等多种模式的校企研发机构，进而有效减少创新能力势差所造成的机会成本和交易成本。

（二）深化制度改革，创新外部治理协同能力

第一，政府应加强政策引领。首先，政府应开展“引企入校”城市试点，健全和落实“引企入校”的税收优惠、贴息贷款、土地出让和经费补偿等激励政策，逐步将校企共建公共实训基地数量、企业转化大学科技成果效益、企业参与大学办学收益、企业对大学科研横向投入额度等指标纳入国有企业考核体系。其次，政府应探索建立“利益驱动型”和“任务导向型”的“引企入校”双元模式。其中，“利益驱动型”模式在于政府支持企业深度介入大学办学体制改革，在法律允许的框架内将与产业契合度较高的大学二级学院进行股份制、混合所有制改革，并以政府为“中间人”建立纠纷调解机构和仲裁机构，解决校企之间因联合办学利益、知识产权归属、资产管理和权责分配等引发的矛盾和冲突。“任务导向型”模式在于政府引导企业全程参与大学的科研活动和教学

改革，进而形成企业产品链、装备链和管理链与大学科研项目相对接，企业生产流程与大学实习实训相对接，企业职业标准、工作岗位与大学教学内容相对接的相互渗透、相互依存局面。

第二，积极打造政校企协同创新的多样化实体研发机构。推动高校与政府、行业企业、科研院所围绕特色实体经济和优势产业集群经济，共建“大学—城市”研究院、校企协同创新基地、校企研究院、企业研发中心等形式多样的新型研发机构，通过技术改造、合作研发、成果转化、企业孵化、创业投资等方式，形成基础研究、应用研究、成果转化和项目孵化以及产业化的发展链条，加大高校重点实验室的开放力度和共享程度，全力支撑行业企业塑造核心竞争力和锻造地方经济新增长极。同时，建立政产学研用多方协作、形式丰富、协同共治的产业联盟及其长效机制。面向中小微企业、战略性新兴产业大中型骨干企业和城市支柱产业，全面打造高校与著名企业协同创新的经典联盟、骨干联盟和城市联盟，完善联盟组织工作体系，建立人才、科技创新等校企供需信息定期交流和对接机制，形成政策引导、绩效考核与经费调节相结合的新型联盟治理模式，加强政府对三类校企联盟的政策、项目、资源和服务等倾斜和支持力度。

第三，大学要扩大应用型人才培养规模，加强对产业人才的贡献力度。（1）大学应聚焦战略性新兴技术的基础研究和应用研究的“高精尖缺”导向，精准延揽“国字号”产业型高端人才和技术创新团队，完善和落实产业型高端人才的援引政策，健全“不求为我所有，但求为我所用”的校企人才共享共用机制。大学应加紧培育技术型中青年人才“后备军”，通过搭建科研平台，健全奖励机制、实施分类考核等途径，以及探索“科研型”“教学型”和“创新创业型”等“人尽其才、物尽其用”的分类管理制度，增强技术型高端人才的“输血机能”。此外，大学应完善技术型高素质人才的替代机制，促进校企协同培育技术型博士或博士后，建立知识生产和知识向生产力转化的上、下游个体联系，通过毕业生向企业转移默会知识和转化实际技术。（2）大学应结合战略性新兴技术的新市场和新产品需求，完善创业教育的形式、制度、产品和服务，推动自身由学科型创业教育组织模式向市场创业型组织模式转变。大学需要统筹建立专业教育、通识教育、职业教育、就业指导和创业孵化平台“五位一体”的创业教育培养模式，健全创业人才培养标准和评价指标，开设以解读创业政策、培养创业思维、集成创业方法为核心知识的创业课程。大学要打破教学时空限制，针对萌发、迭代、接纳等创业演进阶段，建立创业教育慕课联盟及政府官员、企业家、知名校友等担任创业导师或兼职教师的“旋转门”机制，实施精益创业的成本最优教学策略。大学可通过加强学生创业管理与创业项目评估，实施学分积累与转换制度，支持学生携带具有市场潜力的创业项目进行休学创业，定期开展学生创业竞技竞赛，选择优势项目进行资源支持与定点孵化。（3）政企校统筹联动，扩大大学应用型人才培养规模。政府应充分发挥计划安排的杠杆与增量调控作用，在做好社会需求预测和战略性技术人力资本存量评析的基础上，科学安排大学应用型人才的招生规模总量和专业分配比例，重点解决“培养什么人、如何培养人”的立地适应性问题。企业应联合政府信息部门及社会第三方专业机构，建立大数据分析平台及预测预警机制，定期发布战略性新兴技术领域的紧缺应用型人才信息。大学应聚焦战略性新兴技术的生产、管理和服务等职业标准和职业能力要求，深入实施卓越工程师、卓越医生、卓越农林师等系列卓越人才培养计划，通过专业、课程师资和基地等“组合拳”的发力，构建特色鲜明的应用型人才培养模式，并制订相应的方案和评价标准。

（三）推动普通本科教育与职业教育的“双轨”发展

普通本科教育以专业理论知识为核心，职业教育则以具有职业属性的专业技术知识为核心。可以说，职业本科教育虽然保留了职业技术知识的生产优势和作用惯性，但与本科教育相对完善的知识体系相比，职业知识体系明显缺乏职业原理知识和职业事实知识。因此，职业本科院校需要在专业课程中，建立面向行业企业需求的“一体两翼”职业知识供给框架。其中，“一体”是以职业技术知识为主干，而“两翼”则是由职业原理知识和职业事实知识构成。也就是说，职业本科院校不但要增设工程、自然、经济和社会等基本规律的专业理论课，拓宽职业原理知识的习得渠道，还要开设行业企业发展历史、生产生活经验总结和就业创业指导等种类丰富的专业选修课，扩大职业事实知识的获得机会公平。2021年全国职业教育大会明确要求“稳步发展职业本科教育”，为新时代职业教育的创新发展与内涵变革指明了战略方向和突破重点。截至2021年

10月，我国已有20个省级行政区开启了职业本科教育试点，职业本科院校数量已达32所，这些院校打破了传统专科层次职业教育的“天花板”。

职业教育主要培养受教育者的职业实践能力，而职业本科教育则注重培养受教育者从事具体职业的职业胜任综合能力。一直以来，职业教育普遍存在职业技术教育扎实，而职业素质教育薄弱的顾此失彼现象。随着学校办学层次和受教育者学历层次的同步提升，职业本科院校需要转变纯技术式的质量“硬实力”培养定势思维，注重提升职业本科教育非技术式的质量“软实力”。因此，职业本科院校应持续加强课程思政和思政课程建设，将正确的、主流的世界观、人生观和价值观融入专业理论教学与实践教学。应组织开展多样化的第二课堂活动，通过讲座、项目调研、参观走访、社会公益和社团活动等形式，引导受教育者主动融入社会、走进行业企业，全面提升职业伦理、职业道德、职业艺术和职业行为规范。

职业本科教育中的职业技术训练既是职业本科院校的特色所在，也是避免与普通本科院校的人才培养质量同质化倾向的主攻方向。这就需要职业本科院校保持职业本科教育学制延长与职业技术训练延展的一致性和同步性。为此，职业本科院校不但应改革教学制度，及时增加实习实训的教学时间和学分比重，扩大实践指导教师的外聘规模，而且应主动融入产业结构调整和创新驱动的经济社会变革趋势，积极对制造、设计、技艺、操作、经营等常规的专业实践教学进行模式创新、内容更新、方法升级和评价改革，以此提升职业技术训练的现代化品质。

第一，深化办学管理体制改革。一方面，明确教育行政机构中具体业务部门的职责权限。大力发展职业本科，提升职业本科教育质量，需要政府按照国家行政机构改革及其职能转变的新要求和新举措，解决教育行政机构中具体业务部门的职责分散和权力交叉问题。为此，教育行政机构应在坚持“职业教育”与“高等教育”双重定位以及“职业教育”与“普通教育”双轨并行的基础上，从国家层面尽快明确职业本科教育归属的管理部门。通过明确职成教育部门统筹管理或增设职业本科教育管理部门等实质性举措，加强对职业本科院校办学行为的精准监管和职业本科教育质量的有效评估。建立职成教育、高等教育、学位授予等具体业务部门的明确分工与紧密协作关系，改变职业本科管理体制中存在的条块分割与松散合作局面，形成职业本科教育质量的管理体制改革合力。应及时修订《中华人民共和国学位条例》，在深入研究和反复论证的基础上，依据职业本科学位设置的三重属性，即具有高层次技术技能型人才的评价属性，具备职业能力水平的资格属性以及现代职业教育体系的制度属性，恰当选择增设职业技术学士学位的类型及其要义。应理顺具体业务部门与职业本科院校的上下级领导关系，改变自上而下的统一垂直式管理模式，将政府管理角色从行政直接干涉转变为办学间接干预，赋予和落实职业本科院校更多办学自主权。另一方面，适时和稳步推进公办职业本科的教育管理体制松绑。国家层面的教育管理机构应遴选职业教育资源丰富、人才培养质量卓越和更新升级条件成熟的省份作为政策释压“特区”，支持和探索试点省份充分借鉴国外职业本科和应用型本科教育的发展经验，扎根我国职业本科教育改革创新实际，遵循职业本科教育规律，将优势特色的公办职业院校进行多种模式和分层分批升本或升格。通过对省级区域内的职业本科教育办学体制的结构性调整，持续提升职业本科教育质量。具体途径为，省级政府及其教育行政机构应主动承接和用好政策红利，大力支持“双高计划”公办高职院校升格为职业本科院校或转型为职业技术师范大学，并支持其骨干专业试办本科层次职业教育。应选择高水平、声誉佳和产教融合紧密的省级公办职业院校，构建具有地方行业产业特色的职业本科院校。同时，在依法依规和科学论证的基础上，应推动一批公办高职院校与符合条件的独立学院合并重组为职业本科院校。

第二，推进办学体制和育人模式改革。首先，深化产教融合及校企协同育人机制改革。职业本科办学主体具有多元性，特别是行业企业占有重要的地位，这是职业本科教育区别于普通本科教育的办学机制的重要特征。因此，职业本科院校应彰显职业性和实践性的办学类型特征，坚持服务区域、贴近行业、对接产业和融入企业，依托“引企入校”的“引进来”模式和“引校进企”的“走出去”模式，持续完善工学交替、校企互动、双师培养、资源共享、供需衔接等产教融合及协同育人机制。同时，应积极推进产教协同的共同体建构，建立行业企业和社会力量共同参与的教学标准制订机制、学生技术能力评定机制和职业资格证书认证机制，完善学历和职业技能等级的“双证书”制度。其次，建立利益相关者共同参与的职业本科教育质量评价机制。职业本科教育质量的利益相关者包括政府、高校与行业企业，他们既是办学主体、培养主体和使用主体，也是职业本科教育质量的评价主体。因此，在职业本科教育质量的评价机制建设中，需要充分发挥行业企业使用主体的市场化外部评价作用，打破过度倚重政府评价的传统行政评价机制，建立起政府常态评价、学校自我评价和行业企业用户评价相结合的“三维一体”评价机制，从政校企三方视角评价职业本科院校的“投入－产出”水平。同时，职业本科院校应进一步健全专业评价、课程评价、教师评价和学生评价等全方位多维度教学质量评价机制。

第三，完善具有特色的职业本科教育质量国家标准。现行的《本科层次职业学校设置标准（试行）》和《本科层次职业教育专业设置管理办法（试行）》对举办职业本科及其专业设置条件提出了明确要求，但对于职业本科教育质量的实质内涵并未提出清晰明确的标准要求。因此，提升职业本科教育质量亟须建立由办学质量评估标准、人才培养规格标准、专业评价标准、课程设置标准、实践教学标准、学业评价标准和学位授予标准等方面构成、符合职业教育类型和层次双重特征的职业本科教育国家质量标准体系。

第四，加强动态质量管理。动态质量管理把质量作为一种动态的管理过程，指的是企业提供的产品和服务等客体价值，能够满足顾客主体价值持续的和渐进的需求。换言之，职业本科教育质量的动态质量管理，特指作为价值客体的职业本科院校，需要为作为价值主体的职业本科受教育者持续提供优质教育资源和充分教学条件，以此保障和提升受教育者接受职业本科教育的获得感和满意度。随着生源竞争的日趋激烈以及受教育者对职业本科教育期望的不断提高，当前受教育者满意的职业本科教育体系，不久之后也许会被遗忘或被新愿景替代。因此，动态质量管理能够使职业本科院校客体价值契合受教育主体价值的阶段性和渐进性变化特征。借鉴狩野纪昭的KANO模型（顾客需求满意度和产品质量变化关系模型），可以将职业本科受教育者的需求程度及其渐变过程划分为基本需求、期望需求和令人愉悦需求三个阶段。首先，基本需求是受教育者普遍关注的职业本科教育的基本条件和必备功能。这就要求职业本科院校加强基础设施、实践基地、师资水平和校园环境等条件建设，如果这些基本需求无法满足期待，必然导致受教育者失望。其次，期望需求是受教育者明确提出的关于职业本科教育实际问题的解决程度。这就要求职业本科院校通过开展校领导接待日、师生座谈会和管理部门调研等活动，以及通过邮箱、微信、微博和校园网留言板块等多媒体形式，广泛征集受教育者对学校发展规划、专业建设、课程设置、教学和管理制度等方面的意见建议，并及时有效地解决这些问题，以此提升受教者的主人翁意识和满足度。最后，令人愉悦的需求是职业本科教育主动提供给受教育者的超越预期需求的意外惊喜。这就要求职业本科院校通过开展创新创业教育、提供多样化的实习实训机会、建立多类型产业学院、完善技术创新成果孵化转化体系、深化产教融合模式和校企协同育人模式改革等举措，以此提高受教育者的幸福感和获得感。

第六章
地方高校应用型人才培养模式改革的实践探索

第一节 地方高校应用型人才培养的教学管理思考

教学制度是高校教学质量保障的重要环节。目前，高校教学制度建设过程中，主要存在制定过程的强制一致性和模仿趋同性的机制制约，制定理念的人本价值与工具价值的观念冲突，利益相关者的权责不清与封闭隔阂以及基本功能的存在空间被挤压和边缘化等问题。为此，必须保持教学制度建设理念的先进性，领航高校教学特色的发展方向；坚持教学制度建设机制的科学性，保障高校教学工作的流畅运转；促进教学制度组织实施的协同性，助推高校教学实施的和谐有序；满足教学制度服务主体的需求，彰显高校教学以人文本的价值导向，从而有效消解高校教学制度建设存在的问题。

一、教学管理制度的深化改革

（一）高校教学制度的内涵诠释

高校教学制度是连贯的教育规章和教学管理体系，主要指在高校组织或学术团体中，要求教师、学生和管理人员等组织成员共同遵守，并按一定程序活动的准则和规范。高校教学制度涵盖人才选拔和培养的全过程，将教学系统中的教育者和受教育者的各种行动联结，组成一个互动整体，从而确保人才培养基本职能的有序、科学与高效。第一，教学制度使高校办学理念转化为教育相关者规定他们的职责、权利和义务，使教学系统的个体和群体行事明确、有章可循，从而形成良好的教学秩序。第二，教学制度从宏观和微观两个层面，整合协调教育系统的持续运行。一方面，教学制度通过对高校教学目标的规定，以及教师教学制度、教学组织制度、教学管理制度等的建立健全，使高校教学系统与整个高等教育系统乃至社会政治、经济、文化等制度融汇衔接。另一方面，在专业教学过程中，教学制度全面调动和优化配置教学过程所涉及的人财物等物质资源和信息资源，在各种运行机制的作用下，组织成一个微型教育生态系统，为教学活动提供基础保障。第三，教学制度继承和传递着传统的制度化成果。教学制度具有历史继承性和时代创新性特质，一方面将传统的教学相长、有教无类、尊师重教等制度化成果去粗存精地继承下来，是传统教学制度的发展延续。另一方面，将因材施教、以人为本、立德树人等现代教育科学实践与先进理念凝聚积淀，以制度化的形式传递下去，为教学制度科学性延续奠定基础。

高校教学制度的体系结构主要包括三个部分，即国家根本教学制度、高校普遍性的基本教学制度和具有校本特色的具体教学制度。第一，国家根本教学制度必须体现宪法、高等教育法中的教育宗旨、培养目标或教育方针，它是国家对高校教育教学的核心要求，对高校教学制度起着规则运行的引领和规范作用，是普遍性教学基本制度，校本特色教学制度产生和存在的依据和基础。第二，普遍性基本教学制度是高校落实国家根本教学制度，具体组织教学活动的普遍适用制度，它对校本具体教学制度的衍生和建立提供框架范畴。第三，校本特色的具体教学制度涉及内容十分广泛，直接规范教学的某一方面活动或规制教学和管理人员某一方面行为，各级各类高校通过建立各具特色的校本教学制度，充分体现不同高校的合理定位、培养目标与办学特色。高校是一种高等耗散结构，其发展过程可以看作一种有序化规模的增长过程，而教学制度的根本作用在于维持和发展耗散结构的有序化规模，并保持高校自身自在发展的“应变张力”。改革开放30多年来，我国高校教学制度改革主要表现在专业设置、学分制、选修制以及教学管理制度等方面。历史经验表明，教学制度的建立健全是提高高校教育质量、扩大社会影响力和打造教育品牌的关键。

（二）完善教学制度的主要途径

1. 保持教学制度建设理念的先进性，领航高校教学特色的发展方向

地方新建本科高校应抓住整体转型为应用技术型大学或二级学院、学科专业等部分转型试点的契机，逐步建立和修订具有应用技术本科教育特质的特色教学制度，通过教学理念、教学方案、教学模式、教学手段和教学评价方式等教学环节的应用技术型导向，重点培养企业生产一线亟须的各类应用技术人才。理工、农林、医药等各类行业划转高校应立足区域经济社会的产业调整规划和经济转型战略设计，全面服务不同行业企业的人力资源能级需求，强化行业企业、科研院所等多元主体共同参与特色教学制度建设，重点突出“双师制”“实习实践制”“企业导师制”和“创新创业学分制”等行业人才的产学研协同培养机制，促进专业链－人才培养链－产业链的无缝对接。综合、艺术、财经、师范、政法、语言、体育等文科类型高校应坚持繁荣高校哲学社会科学，服务区域文化软实力的特色教学制度建设宗旨，重点强化文科实践教学体系和特色专业体系建设，同时，文科高校尤其应大力进行课程体系改革，按照“基础知识、科学思维方法和人文通识”三个层次来构建新的课程体系，提高科学思维方法课在人文社会科学专业教学计划中的比重，使文科人才培养从注重知识传授向注重应用能力和综合素质转变。

2. 坚持教学制度建设机制的科学性，保障高校教学工作的流畅运转

教学制度建设应加强民主机制。健全重大教学决策的审议制度和听证制度，加强广大教师和学生的参与权和知情权，尤其要充分尊重和汲取二级学院教学指导委员会等教学基层民主组织、专业教研室和校级教学督导、教学评价、教学研究等职能部门的谏言，集思广益、广开言路，增强教学制度建设的实用性、民主性、全面性和科学性。

教学制度建设应健全自律机制。一方面，强化大众舆情监督。进一步完善《本科教学质量报告》常态化发布制度，规范质量报告的行文格式与撰写要素，推动教学信息向社会公开，接受政府、社会和主流媒体的监督与评价。另一方面，加强教学研究与督导。成立教学改革与发展研究中心和校内教学评估机构，遴选组建具有多学科背景、多专业教学经验的专兼结合的专业化、职业化研究

团队，深入开展教学改革研究，厘定教学质量检测标准，建立教学质量评估和监测的大数据库与信息系统平台，开发应用软件和监测工具，健全专业教学评估与监测的公示、公告、约谈、奖惩、限期整改和复查制度。

3. 促进教学制度组织实施的协同性，助推高校教学实施的和谐有序

通过制定文件政策、工作规程和实施细则，促进教学制度的规范化发展。一方面，建立校长、院（系）负责人、职能部门中层干部等教学管理主体的协同负责制度。应进一步明确校领导听课评课制度、校院领导与教师和学生对话制度、教育教学意见反馈制度等，促进各级领导定期深入教学一线，形成上下齐抓共管教学工作、关心教学和支持教学的良好局面。另一方面，进一步明确职能部门的职责权限，厘清工作范畴。各职能部门还应建立协商制度和资源、信息共享制度，加强横向的沟通和交流，避免政出多处。通过破除条块分割的院（系）管理体制壁垒，实现教学制度的系统化建构。一方面，各院（系）应相互协调、相互配合、相互支持，建立一整套服务于复合型人才培养目标的学分互认、师资互聘课程互选、实验室相互开放、教学资源互通有无等衔接有序的教学管理制度。另一方面，各院（系）应以优势特色的学科群建设为载体，进一步完善不同学科专业之间的（弹性、创新、创业）学分制、主辅修制、双学位制、实习实践制、三学期制等学生学习制度。

4. 满足教学制度服务主体的需求性，彰显高校教学价值的以人为本

全面适应“以学生为中心”的教学整体设计。“以学生为中心”，即以学生的学习和发展为中心，实现从以“教”为中心向以“学”为中心转变，从“传授模式”向“学习模式”转变，从而提高学生的学习质量，使学生在知识、能力和素质上获得全面提升。一方面，及时调整和修订自主招生制度、学籍管理制度、考试制度、学位制度、评价制度、奖励制度等教学制度细则，遵循学生身心发展规律和素质教育目标，全面促进学生的差异化发展与立德树人。另一方面，合理制定学生学习的权利与责任体系，整合教学资源，创新学习管理体系，规范不同学科专业的教学行为，为学习自由的实现创设和谐的制度环境。应通过科学采用研究性学习、引导性学习、合作式学习等教学方法，构建个性化、数字化、现代化、远程化、定制化、差异化的教学模式，运用多媒体教学工具等实践举措，从强制性制度控制转入诱致性制度规范，从注重统一到鼓励

教学形式多元化，以此满足学生的多元智能发展差异及保障不同专业课程体系的学习自由。

5. 探索推进教师人事管理制度和教学质量评价制度改革

首先，推动教师分类评价制度和职称评聘制度改革。科学制定以教学效果，服务贡献、创新质量和科教结合为重点的分类评价标准体系，建立教学型和科研型的不同类型教师职称申报制度，科学合理地制订不同学科、不同岗位教师的职称聘任标准，带动教师的专业化发展。其次，全面推进教师课程管理制度革新。在课程开设的前期准备阶段，施行任课教师试讲制度、教研室集体备课制度和师生联席会制度；在课程中期阶段，施行课程定期交流会制度、专家听课和同行评课制度；在课程结束后，施行教学情况分析评定制度、集体总结制度和学生学习效果综合分析制度，以此保证对课程教学质量的全面监督。最后，创新教师教学督导制度。探索建立“校级－学院”连贯一致的两级教学督导制度，构建校院两级质量监管体系，科学厘定检测指标和评判标准，支持院（系）组建教学督导机构或民主组织，自主开展教师教学督导，建立校级随机抽查管理和院（系）常态化监控相结合的教学督导运行机制。

（三）细化全程参与的教学评价

伴随省级政府的权力重心逐渐下移和简政放权的“负面清单”逐步清晰，现代化高等教育治理体系和治理机制正在形成并日益完善，社会多元力量全面参与高等教育质量评估的积极性和主动性已经被全面激活与充分调动，传统的行政性教育管理部门评估正在向社会性专业组织机构评估转变。高校原有内部“评学”的职能逐步从政府转移到社会，健全社会参与高校工程人才培养质量的评估机制，逐步形成相对独立且基于委托代理与契约合同、以服务高校和学生需求为目标的社会评估执行模式，并充分利用信息化手段促进高校办学舆情公开，定期发布社会第三方主持和推送的高校工程人才培养质量评估报告。

第一，引导、激励和壮大多种社会力量参与高校工程人才培养质量评估。真正抽离专业评价和学科评估等涉及高校工程人才培养质量的政府评估职能，加强中立性、专业性和非营利性的针对高校工程人才培养质量的社会评估机构建设。国际经验表明：世界上大多数国家和地区的高校评估都不是政府直接组织实施，而是由法律授权具有评估资质的中介机构承担，如美国的六大区域认证机构、英国的高等教育质量保障机构、我国香港的大学资助委员会和台湾地区的财团法人高等教育评鉴基金会等。因此，当务之急是要积极培育和扶持一批具有独立法人的社会中介机构。首先，保证社会评估机构及其实施评估的相对独立性，通过政策保障、立法支持、舆论宣传和服务购买等多种举措，助推社会评估机构的专业职能和公信力建设。其次，加强对社会专业评估机构的认证审核和常态监管。建立社会评估机构开展数据采集、处理、分析和发布等评估过程的自律机制与诚信奖惩制度，规范其评估行为。最后，充分发挥社会中介组织在高校工程人才培养质量中的桥梁纽带作用。加强技能鉴定、职业资格认证等专业化社会中介组织建设，扩大社会力量参与高校工程人才培养质量评估的广度和深度，推动高校工程人才培养质量服务的市场化进程。

第二，探索建立高校工程人才培养质量的系统监测体系。建立独立、公正且具有公信力的高校工程人才培养质量的评估监测体系，是实现“政府管、学校办、社会评”三方协同的战略保障格局的关键举措。首先，大力促进工程类行业协会的多样化发展。工程知识社会化的重要因素就是专业人员日益占据这个领域的支配位置，他们通常会建立自己的学术社团组织以区分职业和业余。例如，英国的土木工程师协会（1818）、皇家建筑师协会（1834）、机械工程师协会（1847）和特许测量师协会（1868）、美国的机械工程师学会（1880）、澳大利亚的工程师协会（1919）等，这些自发的协会为有用的、实用的工程知识传播和建构作出了巨大贡献。因此，应积极把行业调研、行业规划、职业资格标准和技能考核等纳入行业协会职责范围，支持行业组织开展行业人才规模预测和毕业生技能评定，以及参与高校工程人才培养过程的教育教学指导，并且鼓励高校向行业协会和社会机构购买创新创业、前沿技术课程和教学服务，构建校企利益共同体，形成稳定互惠的合作机制。其次，加快推进高校工程人才培养质量评估队伍的专业化、职业化建设。从高校、行业企业、行业协会等学术组织和经济组织中遴选建立评估专家库，建立专家队伍动态调整机制。最后，政产学研联合建立针对高校工程人才培养质量的客观、科学评价的指标体系和行之有效的评价方式方法，并组织开发相关软件和监测工具，健全高校工程人才培养质量评估监测的舆情公开、奖惩明示和随机复查度，逐步形成社会支持、监督高校办学的长效机制。

第三，确保企业对高校工程人才培养质量的全程参与身份。在高校工程人才培养质量的战略管理实施及其保障体系建构中，作为直接受益的利益相关者，企业的参与身份和支撑角色必须得到足够的重视和巩固。企业全程参与高校工程人才培养的形式和路径应主要包括：企业代表组成高校董事会，为办学提供宏观指导意见；企业工程技术和管理人员参与高校工程人才培养的方案制订、课程设计、主讲课程、开设讲座等具体环节，并提出切实的意见和建议；企业接纳教师和学生的实习实训和工程实践；企业向学校援助资金或提供设备、器材等物质资源支持，协助高校建设类型多样、功能齐备的校内实践基地等。企业在参与高校工程人才培养质量的过程中，应确立主动作为和创新有为的利益共享意识，选择适当的管理策略并创新管理机制，最大限度地提高利益相关者之间的满意度和支持度。推动企业参与高校工程人才培养机制的灵活性改革。按照行业特色和原行业隶属关系，组建企业参与高校工程人才培养的教学联合实体，建构校企之间的工程人才“游学制”培养新模式，推动学分互认互换及教师互聘，形成校企深度培养具备全产业链知识和行业特色技能的“大工程”复合型人才的新机制。

二、理论课程教学体系的优化设计

课程的相互衔接是教学体系设计必须做到的，既然称之为体系，则必然有许多课程前后之间存在关联性，形成系统，以达到解决专业学习之需。这方面各个高校、各个专业都有较好的经验做法，不需要再加赘述。应用型人才培养模式要求课程体系应该是以应用能力培养为核心，以满足社会工作需求为基础构建起的体系。学科基础课程应该以应用性为导向，同时兼顾知识的系统性、完整性。普通工科院校应该在课程设计方面突出学校的培养特色，以专业应用能力培养为核心，强化学生应用能力的掌握和综合素质的形成，进而组建模块化课程和建设新的学科基础课程平台；强化实践教学环节，既要保证实践教学环节的硬投入——实践教学环境和条件的建设，更要高度重视实践教学环节的软投入——实践课程设计。结合企业需求深化改革课程教学体系。行业企业除技术合作外，最想从高校得到人才，希望到企业工作的学生专业知识和相关能力尽可能符合企业需要，岗位适应期越短越好。这就要求学院进一步改革现有的课程体系结构，双方对现有课程体系进行深入研究，组织专家会商，提出切实可行的整改方案，将企业急需的、市场一线的信息技术进一步纳入课程体系中，推动课程体系与教学内容的改革，组织编写更多的专业教材，强化教师教学业务和能力培养，从而使培养的人才适应行业企业快速发展要求。

（一）教学体系设计论证调研

在设计教学体系前，必须对应用型本科人才培养目标有清晰的认识，围绕人才培养目标来设计教学体系，保证体系的针对性和有效性。教学体系的设计是人才培养的重要环节，人才培养的内容、要求和效果都要在教学体系设计中得到体现。要设计好教学体系，事先必须进行充分的论证和调研。一要调研学校、学院、学科和专业等现有基础和条件，如师资、教室、实验设备、经费、网络平台、科研项目、学生来源等，这些基础和条件决定我能做什么事，做成某事有无困难，做某事的内外在资源如何等；二要调研现有人才培养课程体系对培养应用型本科人才的缺陷和不足，设计的公共课程是否能满足人才培养需求，设计的专业基础课程是否对本科生后面的专业培养起到很好的铺垫作用，设计的专业课程学时数是否合适，专业应用性如何，是否满足用人单位对应用型本科专业人才的基本需要，设计的课程设计和实验实训等环节能否提高学生的理论应用能力等；三要调研用人单位需求，应用型本科人才培养是为了更好地适应用人单位的使用需求，用人单位需要什么样的人，对现有人才使用情况分析，有什么技术信息需求，行业技术发展趋势和技术革新等，对改进人才培养教学体系的设计有很强的导向作用，可以促进大学转变思维和推进改革；四要调研毕业生的使用情况，培养的应用型本科人才走向社会后，是否适应社会要求，适岗情况如何，所学的专业知识对口度和应用情况，对新业务的学习和拓展能力等，这些调研可以了解学生的学习过程和需求，掌握学生对已有教学体系的认可和评价，有利于教学体系的设计；五要调研合作培养单位的能力和水平，应用型本科人才培养需要有许多合作单位参与，特别是一些与专业结合较紧密的企业参与，这些企业现有的技术、工程师队伍、研发平台和生产生活条件等，都是合作培养应用型本科人才的有效资源，调研有助于了解合作单位对教学体系设计的想法和建议，如何更好地站在有利于双方利益立场上改进教学体系等。论证调研充分，可以为教学体系设计打下好的基础，设计出来的教学体系也能更好地促进应用型本科人才的培养。

（二）理论知识课程体系设计

教学体系的设计核心是课程体系的设计，本科生在校学习必须完成相关课程的学习，这些课程设计，对应用型本科人才培养起到关键性和基础性作用。课程体系设计一般按照学分制模式进行设计，毕业前必须完成规定的学分任务，学分主要分为必修学分和选修学分，必修学分是每个学生都必须完成的，是共性要求，可以保证专业培养的基本规格和适应性，选修学分是有选择地修习某些学分，从学校开设的一定范围内的课程中选择一部分来完成，有一定灵活性和自由度，体现个性发展和要求，有利于因材施教和兴趣特长养成。

课程内容设计上，多采用模块化形式，一般设计为公共基础模块课程、专业基础模块课程、专业方向模块课程和实验实习模块课程等，公共基础模块课程中可以包含一些思政德育素养课程、人文素养课程/体育课程、语言课程等，这些课程设计主要培养大学生应有的基本德、智、体、美方面的素养，课程设计中也可以加入一些有利于团队协作意识方面课程等；专业基础模块课程中可以设计一些专业课前期或相关的一些基础课程，为学好专业课打好基础，如机械制造设计及其自动化专业，它的专业基础课主要涉及材料力学、理论力学、工程图学、电子电子学、机械原理、机械设计等课程，这些课程学习主要是掌握一些通用的、一般机械生产加工等过程都涉及的一些基础知识，有较广泛的应用面和较强的适应度；专业方向模块课程主要针对该专业领域相关技术问题而开设的课程，有较强的方向性和专有性，这些课程学习后，基本熟悉掌握该专业的应用原理和技术应用分析，基本能够解决一般单位所遇到的该专业领域的问题，这些课程应用性很强，针对性明显，是应用型本科生未来走向用人单位开展工作的看家本领；实验实习模块主要是针对专业基础课程和专业课程而开设的，目的是将学到的专业理论知识如何应用到实践中，或在实践中检验所学到的理论知识，加强对理论的学习和理解，实验实习课程有的是独立安排的，更多的是与相关课程同步安排的，与理论课相伴而学，这些课程模块是培养应用型本科人才不可或缺的。

（三）课程内容的更新、课程相互衔接和实施过程的监控考核

课程教学主要依托教材来进行，随着信息技术和互联网快速发展，教材需要不断地更新，才能适应社会和用人单位的需要，一般来说，课程的更新总是滞后于企业技术的发展，原因是多方面的，但与教师的积极主动性调动有很大关系。有的教师满足于已经掌握的教学内容和规模，不愿意花费更多的时间精力去更新自己的知识面，教学内容陈旧，跟不上社会前进的步伐，导致学生听课后感觉与现实脱节，这也是目前许多学校普遍存在的问题。新技术和新知识的学习掌握除了看一些公开发表的资料外，还要经常深入企业，参与相关项目实施，开展一些应用课题研究，才能真正理解和掌握，只有教师理解掌握了，他才能把他在教学实践中转化为知识传授给学生，如果有政策经费支持，积极性高的教师可以编写课程讲义，或出版新的教材，把这些知识转化为教学载体，让学生更好地学习。因此，编写有针对性的应用型教材或更新教材要成为应用型大学的常态，应用型大学一定要鼓励教师深入企业实践，支持教师出版教材，这既可作为教师自身研究成果，也可加强教师与企业技术人员信息沟通，保证教师所传授的知识与用人单位一线技术不脱节，提出的问题确实是企业目前遇到的问题，展望的思路一定是有助于解决企业当前遇到的困惑和问题，这样培养出来的人才是企业想要的。

（四）课程实施监控主要指课程评价和考核反馈环节

课程设计好后，它的内容是否合理，它的知识点是否必备，它的前后逻辑是否严谨，它的可学性和应用性如何，都是要通过过程和结果评价考核来检验的。课程实施主要通过教学来体现，教学中要看教师的备课情况，可以对备课内容进行必要的检查审核；教学中要看教师的授课情况，可以通过组织听课、问卷调查、评课、座谈了解等方式，监控授课的基本情况；教学中要看学生学习情况如何，主要通过检查学生学习过程参与度如何，学习作业完成质和量的情况，学习知识点掌握理解情况，学习考核结果情况来反映，这种考核检查不是针对某一个学生，而是针对学习该课程的所有学生，并对情况进行反馈；教

学后要看课程对其他课程关联性和应用性，这主要通过一些实践环节课程来体现，在实习中要看学生运用该课程知识点的情况，这一过程可以延长到该生毕业后岗位工作应用情况，从而能够对课程设计的科学性、应用性和合理性进行一个完整的、系统性的评价。

（五）综合素质提升内容设计

应用型本科人才要能够“有用”，除必备的专业知识技能外，还要有较好的综合素质，主要表现在岗位礼仪规范执行情况、专业知识的深化和再学习能力、岗位专业外的其他辅助技能、团队协作意识和管理能力等。这些素质可以在课程体系设计中加以体现和培养。岗位礼仪规范是用人单位对本科毕业生的基本要求，毕业生要有岗位意识，熟悉岗位要求，不同岗位有不同的礼仪规范方面的要求，许多单位的规范要求是刚性的，必须遵守。这就要求应用型大学培养的毕业生，要了解这方面的一些基本内容和要求，在课程设计中可以有意识地开设一些有助于培养这方面能力素质的课程，为此，许多高校开设了一些人文素质方面的课程，如公共关系课程、道德行为养成职场礼仪讲座报告等，都是针对这方面要求开设的；专业知识的深化和再学习能力提升，主要通过开设一些综合性的实验、实训和实习来体现，围绕某一专业问题设计一些项目，组织大家运用所学知识来进行推理、设计和攻关，安排指导教师，引导学生运用所学知识进行综合分析演算，推荐一些课外学习资料，让学生学会自学一些课外专业知识来解决问题。许多高校采用的项目化教学或实施的项目学分替换等方法，就是培养学生这方面的能力素质，有的学生通过参与相关学科竞赛项目，取得了优异成绩，能力素质也有明显提升；岗位专业外的其他辅助技能主要指在课程体系中安排一些选修学分或辅助学分，通过学习完成某一项技能来取得相关学分，从而提高自己专业外的其他技能水平，如考取与专业相关的相关证件，参与一些竞赛取得相关证书、选修如管理经济等专业课程等；团队协作意识和管理能力主要指适应岗位需要有利于个人未来发展的能力素质，这方面能力素质对于毕业生后续发展和从事更高层级的工作非常有帮助，许多学生也看重这方面的能力素质，但不知道怎么去培养，课程体系设计中，也可以有意识地加以强化。如安排一些素质拓展项目并获得选修学分，多开设一些管理方面的选修课或讲座，教学环节中安排一些团队合作完成的项目等，当然这方面的能力素质也可通过承担相关学生工作、社团活动等管理工作来完成，只要是对学生能力素质培养有益的，可以有选择地将之纳入课程体系设计，必然会促进学生能力素质的培养。

三、建立面向产业的综合实践体系

目前，工科专业工程教育实践教学的现状是工程技术人才的培养与社会需求、行业需求脱节；综合性和创新性训练偏少，看的多，动手少，实践教学走过场；校内实习资源有限，缺乏真实工程环境，职业素养缺乏。工程实践能力的培养主要依托于各类实验、实训及实习等实践教学平台，生产实习和毕业实习恰恰是综合培养学生工程实践能力最重要的环节。一是因为传统的工程类实践教学平台，多以演示、验证实验为主，实验室进行实验的设备与工业生产设备区别较大，不利于学生了解和掌握化工设备的真实结构，同时导致学生对大中型设备缺乏感性认识；二是因为工程生产具有高温高压、易燃易爆、有毒有害、多为连续化封闭式生产线生产等特点，以化工为例，到化工生产企业实习只能看到表象，不能做，很难达到教学实习效果。急需破解高校化工类实践教学中长期存在的做不了、做不好、做不到、做不上的难题，因此加强校内综合实验实训平台建设尤为重要。经过多年的实践，沈阳化工大学建立了面向产业的化工类跨专业综合实践平台，该平台全面整合并优化了校内实验室资源和教师资源，彻底打破专业界限、学科界限、教学科研界限，形成了以化工产业需求为导向的多层次、开放式的多学科交叉、多专业共享的实践教学平台，培养了更多具有创新能力的满足石油化工行业需要的化工类人才。有效解决了学生进入企业后所存在的行业意识薄弱、工程性思维欠缺、工程应用能力较弱，以及实践创新能力不足等问题。

（一）实践教学平台建设理念

结合“新工科”人才培养目标——应致力于解决复杂工程问题能力、创造力、领导力、国际视野及交往能力和终身学习能力，沈阳化工大学更新了实践教育理念，形成了“以行业需求为导向，以学生为主体，以创新精神和综合工程实践能力培养为核心，学思结合、知行统一”的教学理念，建设“高起点，大综合，重能力，强辐射”的实践教学平台。化工类跨专业综合实践平台以石油化工行业需求为导向，通过构建多学科交叉、多专业共享、多模块组合、多功能集成、多手段教学的全过程实践教学平台，实现了环境“车间化”、装置“真实化”、项目“典型化”、要求“规程化”、任务“生产化”、事故“仿真化”，加强学生协作沟通、工程推理、分析和解决问题、故障处理、事故应急等职业技能的培养，提高了学生解决复杂工程问题的能力，凸显我校化工类人才培养质量、办学特色。

（二）跨专业综合实践教学平台建设实践

1. 建立面向产业的工程实践教育体系

实践教学体系建设以石油化工行业对毕业生综合工程实践能力、解决复杂工程问题能力的需求为导向，遵循学生从入学到毕业整个过程的专业素养规律，按认知型、操作型、综合型、研究型逐渐递进的方式，由专业基础实验、专业实践、工程应用、综合创新4个层次构成，分别通过基础实验、专业特色实验、实习实训、综合创新实验等平台上实现，由基础实验技能到工程创新能力培养逐步强化。以综合工程实践能力培养为核心，学校4大实践平台涵盖基本型、综合设计型、研究型与创新型等实验，实现了工程训练系统化、创新训练系列化、能力培养实效化，形成了实践教学体系的主线（图6-1）。

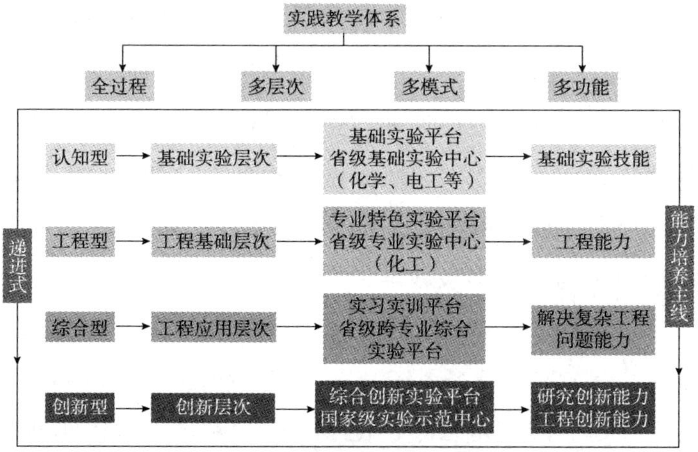

图6-1　沈阳化工大学实践教学体系

2. 多层次递进式跨专业实践教学平台的构建

该平台全面整合并优化了校内实验室资源和教师资源，彻底打破了专业界限、学科界限、教学科研界限，形成了集“装备、工艺、控制”一体化、多层次、开放式的多学科多专业共享的实践教学平台。该平台由基础实验、专业特色实验、实习实训（跨专业综合实验）、综合创新实验4个功能平台构成，学生的综合工程实践能力培养逐步强化。

（1）基础实验教学平台。以认知型、基础型实验为主的实验平台，该平台主要通过将原有基础化学实验中心、电工电子实验中心、化工原理实验室等基础实验中心进行升级改造、资源整合，形成以化工原理实验、基础化学实验为核心的公共基础平台，及各类学科共享的专业基础实验平台，对化工类一、二年级本科生实验教学和创新实践活动进行开放，主要培养学生的基础实验技能。其中化工原理实验室所包含的流体阻力实验装置、流量计标定实验装置、离心泵性能实验装置、过滤实验装置等是以化工实际生产中常用单元操作为背景建立的化工典型单元操作装置，增强了学生对实际设备的感性认识。同时该平台还包括以这些装置为对象，开发的与之对应的集练习、实验、考核为一体的虚拟仿真实验平台，学生可以反复预习、练习、变换参数进行实验，体现了以实物为主，虚实结合，对实体实验进行有益补充的特点，面向全校16个化工类专业的学生开放。

（2）专业特色实验平台。以操作型、综合型为主的实验平台。该平台主要由化工类专业实验中心组成，通过有目的地设置综合性专业实验项目，提供集装备、工艺、控制为一体的综合设计型实验，使实验项目不仅涉及装备、工艺、控制等方面的技术因素，学生在完成实验的过程中还要考虑到环境、安全、经济性等及其他因素，对于实验中可能出现的问题必须通过深入工程分析才可能得到解决，从而培养学生解决复杂工程问题的能力。该平台包括化学工程实验教学中心、材料科学与工程实验教学中心、过程装备实验教学中心等专业实验教学中心。以化学工程实验中心为例，包括典型反应工艺过程，如乙苯脱氢制苯乙烯反应系统装置、反应精馏系统装置、硫酸铜合成反应装置、一氧化碳中、低温控制反应系统等。这些是石油和化学工业、制药工业的典型工艺过程，具备化工产品合成和化工工艺实训两种功能，具有工程化的技术特征，可通过该平台培养学生的工程实践能力，体现了化工过程的系统性、规模化和工程化的特点，同时面向化工类、过程控制与装备、自动化等专业学生开放。众所周知，实际企业遇到的问题都不是单一的问题，需要毕业生具备集“工艺、装备、控制”一体化的综合工程实践能力。以化工类专业学生为例，学生利用该平台时以工艺为主体，以控制和装备为两翼，有意识让学生养成一体化的思维习惯，从而真正实现打破学科和专业壁垒，培养适应化工类企业行业需要的综合型人才。

（3）实习实训平台（跨专业综合实验平台）。为培养学生解决复杂工程问题的能力，学校组建了以化工学科为龙头，兼顾装备、控制等学科的综合实验实训平台。该平台由省和学校共同投资完成，主要由校内实习实训基地组成，“5+1+1”模式，即5条生产线（甲醇、化工制药、化肥包覆材料、高分子橡胶加工、高分子塑料加工生产线）、1个装置（排放气污染治理成套装置）、1套自动化控制系统（化工生产自动化控制系统）。该平台面向石油化工、精细化工、医药化工、新材料、新能源等产业集群，通过构建多学科交叉融合、多专业共享、多模块组合、多功能集成、多手段教学的全流程实践教学内容，实现教学过程与工业过程的无缝对接和内容的工程化、综合化、系统化和集成化。

作为校内实习实训教学基地，对每一条生产线、每一套装置、每一个控制系统都要精心设计实习内容，以满足学生综合能力培养的需求，满足学生能够参与、组织生产的真实情景要求，满足学生工程实践能力培养的需求。真正做到环境“车间化”、装置“真实化”、项目“典型化”、要求“规程化”、任务“生产化”、事故“仿真化”。设计理念完全体现我校的教学理念，即以化工行业需求为导向，按照化工和精细化工行业企业的工艺标准和流程以及行业企业关于工程技术人才的职业要求和技术标准，校企共同研发设计实训内容。依托石油化工校企联盟，充分发挥教育链和产业链上下沟通，实现人才培养和产业需求之间的无缝对接，聘请化工企业专家和学校化工专业教授共同组成实践教学指导委员会，对实习内容进行设计指导。

通过校内实验实训平台的建设，强化与工业界密切合作，使得实验实训平台能够与工业装置无缝对接，最大限度地还原生产实际，使得学生在实际生产环境、实物仿真环境及数字模拟（虚拟）环境中实践动手能力得到强化，培养学生知识综合能力、系统集成能力、责任担当及安全生产意识、团队协作能力和创新创造精神。

（4）综合创新实验平台。平台依托学校的国家级实验教学示范中心、大学生创新创业基地及校企联盟，辽宁省化工、精细化工、制药、生物、塑编、橡胶、硼镁、环保等产业集群和产业链，大学生校外实践基地。通过教师科研项目及综合工程设计环节，完成大学生创新创业训练项目、专业创新竞赛、学生自主设计实验等。培养学生的研究创新能力和工程创新能力。充分发挥学科前沿技术对培养学生创新精神和工程创新能力的作用，本平台拥有科研成果教学资源化的中试装置：静态混合二氯化磷连续水解新工艺及装置，静态混合苯硝化制取硝基苯成套装置、静态混合乙烯氯化制备二氯乙烷成套装置和DMPP尿素缓释剂合成成套装置。教师的科研成果转化为实训教学资源，用自有知识产权的先进技术启发学生的创新思维，培养学生的创新能力。通过这些中试装置帮助学生建立工程概念、放大设计概念，中试装置的控制系统与现实的生产装置控制系统相类似，建立过程控制的系统意识和安全生产的基本知识。中试装置系统体现工艺、装备、仪表、测试、控制等技术集成化的特点，实现流程实时可控、参数实时可读、状态实时可测的实验实训教学目标，学生可以直观地了解工艺过程、管道、仪表和阀门等典型装置。

化工类跨专业综合实践平台具备多学科交叉和多专业融合的特点，能体现原料选择、原料加工、产品生产、过程控制、装置设计、工艺流程、操作运行、成本核算、环保安全等各生产环节，不但能够满足化工类及各相关专业的实验实训需要，还能为不同专业的学生了解行业相关知识提供条件，可面向我校及省内工科专业和企业单位员工开展实习培训。

学校通过教学资源整合、共享机制，探索构建立体化、多层次、开放式的化工类跨专业综合实践教学平台，采用校企“双导师制”开展项目实训、生产实习和毕业设计，着力培养学生解决复杂工程问题的能力和创新意识。培养学生工程实践和创新能力同时，注重学生的工作态度、团队合作、交流沟通能力的提升。切实提高工科实践教学体系各主要环节（各种形式的实习、教学实验、工程训练、科技活动、课程设计、社会实践、毕业设计等）的教学质量。

沈阳化工大学在跨专业综合实践教学平台建设方面做了有益探索和实践，并将继续推进实践教学体系的建设与完善，利用国家级化工过程装备与控制综合实验教学中心、化工过程虚拟仿真实验教学中心、科研基地和辽宁石油化工产业校企联盟的软硬件条件，将基础实验平台、专业特色实验平台、实习实训平台（跨专业综合实验平台）、综合创新实验平台整合成相互贯通、融为一体的面向产业的化工类跨专业综合实践教学平台。依托此平台，为培养高素质化工类应用型专业人才提供硬件支撑，为面向化工产业、服务地方经济培养更多工程实践能力突出的应用技术型人才不断探索与研究。

四、加强实践教学队伍的建设管理

实践教学教师的业务能力和素质水平对应用型人才培养质量起着关键性的作用，要培养高质量的应用型本科人才，就必须加强实践教学教师队伍建设管理。要注重加强学院教师和企业工程师双向互动。协同合作点主要在人才和技术，人才培养和技术主体在人，且要懂业务精技术，学院专业教师和企业工程师是这两项任务的主要承担者。

第一，要加强实践教学队伍的思想素质和业务教育。从事实践教学的教师在应用型大学中要有较高的地位，是整个师资队伍中重要一块，必须重视而且要有政策导向，让他们安心从事实践教学工作。要培养具有较强实践能力的学生，老师必须有丰富的实践知识和经验，因此，对实践教学的教师来说，除掌握扎实的基础理论和专业知识外，还要比理论课的教师付出更多的实践时间和精力。在完成规定实践教学任务前提下，要鼓励他们走出去，深入企业技术生产一线，更新自己的知识面，提高他们的实践能力，挖掘他们的项目潜力。同时，对实践教学教师来说，由于他们与学生相处的时间较长，教师的思想素质和职业素养对学生潜移默化影响较大，教师的一言一行，职业操守和严谨作风等，都对学生有直接的影响，因此，要加强实践教学教师的思想素质教育。

第二，要加强实践教学教师的社会协作能力培养。实践教学教师自身的实践能力来源于社会的培养，社会培养就必须走进社会，融入具体的实践过程中，才能提高自身的实践能力水平。而深入社会中，必须学会与各种各样的人打交道，有较强的人际交往能力，协作意识强，协作能力好，才能得到别人的认可，才能从他人那里学到技术。社会协作能力的培养需要一个长期的过程，但由于实践教学教师不可能长时间离岗培养，因此，可以有意识、有重点地选拔一部分基础条件较好、能力较强的教师作为骨干进行培养，以重点带一般，以骨干带普通，形成梯队和团队，从而整体提升实践教学教师的社会交往协作能力培养。

第三，要加强实践教学教师的项目建设。实践教学除常规教学管理外，必须创新教学内容和形式，项目化管理是一个很好的方法手段，可以将实践教学内容通过立项建设的方式进行管理和考核，投入必要经费，既能调动实践教学教师积极性，又能发挥他们特长，从社会或企业挖掘项目，以项目聚团队，以项目增进与企业的联系交往，以项目完成考核达到实践教学的目的。项目与学分紧密结合，凡是立项的项目必须有学生参与，每年可以将教师项目进行公布，让学生有选择地参与进来，项目研发完成过程中，加强对学生参与学习和实践环节考核，完成或达到一定工作量且通过项目验收的，给予必要的学分认定。对实践教学教师而言，他们不一定能够拿到国家基金等高层级项目，但他们与企业等合作取得的横向项目，要给予充分关心和支持，学校要鼓励实践教学教师获取企业或社会项目，这些项目是有到账经费的，要给予必要的奖励，在评先评优和职称评定等方面支持关心。

第四，要改进实践教学队伍管理理念和方法。要加强管理，改进管理理念，不能把实践教学队伍当作二流队伍来对待，要做好顶层设计，在政策和经费投入上有所倾斜，保证实践教学队伍建设经费，加大他们的培训教育力度，提高他们的待遇。同时，要对实践教学队伍进行分层分类培养，制定绩效考核管理办法，为他们的成长创造进步空间，在体制机制上营造良好的用人环境和氛围，鼓励他们人尽其才。在人才引进上，除博士等高层次人才外，要有针对性地引进实践经验丰富的教师，提高待遇，吸引一些有丰富企业实践经验的工程技术人才加入实践教师队伍中，保证实践教学教师队伍的可持续发展。

第五，要创新实践教学管理的形式，主要指实践教学管理在用好用足现有设备条件资源下，必须设法拓展管理范畴，创新管理形式，提高管理绩效。同时，要不断地创新管理形式，形式要服务于内容，不断改革传统的管理模式，在管理者–教师–学生三者层次管理基础上，可以采取一对一管理、远程控制管理、网络平台管理等模式，不以形式拘泥于人才培养，适应应用型本科生个性化发展需求，加强与教师、企业和学生间的互动，建立多元化实践平台，加强对实践平台的建设考核，促使平台重视育人功能实现，从而保证人才培养质量。新形势下，实践教学管理的任务越来越重，压力越来越大，必须跟上时代发展步伐，在管理方式方法创新的前提下，一定要发挥网络平台的作用，设计好网络系统，将所有管理任务上平台，将所有实践任务、内容、过程和结果都拉到平台上来，减少人力资源投入，提高管理绩效。

第二节　沈阳化工大学应用型人才培养的实践探索

一、应用型本科人才培养体系改革

地方高校作为我国高等教育的支柱和应用型人才培养主力，在开展应用型人才培养过程中，存在“学科本位”的培养理念导致人才培养供与需错位、“学术本位”的培养模式导致人才培养学与用错位、“学校本位”的培养机制导致人才培养教与学错位等三种错位。沈阳化工大学人才培养总目标：培养品德高尚、专业过硬、情商出众、强于实践、勇于创新的高素质应用型人才，即我们培养的学生要具有优秀的思想品德和高尚的职业道德、坚实的专业知识和过硬的专业技能、突出的实践能力和强烈的创新意识、出色的沟通能力和优秀的团队精神。

学校为实现这样的目标，确立的人才培养思路及依据是：育人为本、德育为先、文化为根、能力为重；需求导向、学以致用、知行合一、因材施教。育人为本、德育为先、文化为根、能力为重，是学校教育的目的。育人为本，体现了教育的本质功能，要坚持人才培养是学校的根本任务、教书育人是教师的基本职责，学校的全部工作都是为了培养人。德育为先，体现了教育的价值取向，要坚持立德树人，把社会主义核心价值体系融入教育的全过程，把德育工作放在优先地位，并贯穿教育教学活动的全过程。文化为根，体现了教育的本质属性，要坚持文化育人，在文化传承创新过程中，引导学生进行正确的文化选择，使社会文化转化为个体文化，探索文化育人的有效途径，从而实现人的自我完善与自我超越。能力为重，体现了教育的内在要求，要坚持优化知识结构，丰富社会实践，强化能力培养，着力提高学生的学习能力、实践能力和创新能力。需求导向、学以致用、知行合一、因材施教，是教学的基本方略。需求导向，体现了教学的改革方向，教学设计、教学实施以及教学评价，都以是否满足国家、社会、企业、学生的需求为标准，特别要立足地方、因地制宜。学以致用，体现了教学的价值取向，强调工学结合、学用一致，强调有用之学、能用之学，强调学了能用、学了会用，强调学用一体、学用相长。知行合一，体现了教学的基本策略，实践是认识之源、创新之根；能力在实践中形成，又由实践表现与衡量；创新在实践中孕育，创新过程就是实践的过程；要牢固树立实践育人的理念，强调“学中思”“思中学”的“主动性学习”，强调“学中做”“做中学”“做中思”的“主动性实践”。因材施教，体现了教学的基本原则，强调尊重学生的个性，注重发挥学生的主体性，为学生提供可供选择的多元化培养途径和学习机会，使每一名学生都得到充分的发展。

学校牢固树立需求导向的培养理念，以职场环境为背景的培养模式，建立校企协同、教育教学融合、共性培养与个性指导相结合的全方位育人新机制，构建“113”应用型人才培养体系，探索出一整套地方高校的应用型人才培养标准及方法，有力推动了地方高校人才培养供给侧结构性改革。“113”应用型人才培养体系改革的核心是：1个培养理念、1种培养模式和“3化”培养机制。1个培养理念是“成果导向教育（OBE）”理念。通过创造性地应用“需求导向”“以学为中心”和“持续改进”，重构培养方案，改革课堂教学和建立教学质量评价与保障体系。1种培养模式是CDIO模式。学校将其拓展到其他学科专业门类。“3化”培养机制是：学校协同化育人、专业家庭化培养和教师个性化指导。通过创新的“学生本位”培养机制，实现了校内外多种育人资源的汇聚与融合，以及人才培养过程全要素的互动与集成优化。

（一）坚持需求导向、以学为中心和持续改进

1. 坚持以需求导向，反向设计培养体系

“成果导向教育（OBE）”理念由3个下位理念组成，即反向设计、以学生为中心和持续改进。反向设计是进行OBE教学设计必须遵循的一个核心理念，其要点是先确定培养需求，由培养需求决定培养目标，由培养目标决定毕业要求，由毕业要求决定课程体系。这就彻底颠覆了传统教学设计理念（称正向设计），即先确定课程体系，由课程体系决定毕业要求，由毕业要求决定培养目标，由培养目标适应培养需求。反向设计正向实施，既是起点又是终点，也就是说我们培养的人起于供给侧终于供给侧，这就抓住了人才培养供给侧结构性改革的核心。“OBE”理念的第二个关键是以学生为中心，教学内容取决于学什么而不是教什么，教学方法取决于怎么学而不是怎么教，教学评价取决于学得怎么样而不是教得怎么样。“OBE”的第三个关键是持续改进，要为每个学生达到其学习目标建立合适的持续改进机制，强调只有不合适的教育，没有教不好的学生，这就是“OBE”理念，这一理念从培养目标与课程体系设计上保证供给侧和需求侧相符合。

学校遴选了一批特色试点专业进行“113”应用型人才培养体系改革，试点专业设计和实施了全新的教学体系。反向设计的原则是：教学设计从需求（终点）逆向进行，由需求决定培养目标，再由培养目标决定毕业要求，再由毕业要求决定课程体系。“需求”既是设计的起点又是实施的终点，主动适应国家、社会和行业、用人单位等外部需求，最大程度保证了教育目标与结果的一致性。

2. 坚持以学生为中心，推进课堂教学改革

遵循“以学为中心”，课堂教学从知识课堂向能力课堂转变、从灌输课堂向对话课堂转变、从封闭课堂向开放课堂转变、从重知轻行向知行合一转变、从重学轻思向学思结合转变、从重研轻教向研教融合转变、从重教轻学向教主于学转变、从终结评价向发展评价转变。

课堂教学效果显著提升，学生创新能力、决策能力、团队协作和自我管理

能力等得到加强。学校组织开展“一课一做”活动，强化理论与实践的教学，增强学生的资源与生态、生产与安全、产品与环保等意识，培育自信、自强和团队精神，形成品牌效应；系统构建了评价与持续改进体系，开展以学生发展为宗旨的多层次形成性教学评价，推动应用型人才创新能力培养。

（二）坚持持续改进，构建质量保障体系

1. 建设“113”质量保障体系

学校层级负责体系建设，包括人才培养的未来需求分析、服务面向定位、培养目标、培养理念、培养模式、培养机制等战略规划问题；院系层级负责专业建设，包括知识体系、课程体系、实践体系等人才培养的战术计划问题；专业层级负责课程建设、教案、教法等人才培养的执行问题。教师和“家长”负责落实质量保障体系的持续改进策略。

2. 开发和实施多元评价技术

认知领域的学习成果评测以总结性评价手段为主，鉴改策略由任课教师决定，班集体方面的持续改进由任课教师负责落实，个体方面的持续改进由“家长”负责执行。情感领域的学习成果评测以成长性评价技术为主，由“家长”决定、由任课小组和“家长”共同负责个体的持续改进工作；高阶认知领域的学习成果以真实性评价技术为主，由任课小组决定和负责持续改进工作。

二、坚持以企业和社会环境为背景培养人

（一）创新 CDIO 背景，建立一个职场培养环境背景

用“职场本位”取代“学术本位”的培养模式，解决人才培养过程中“学与用”的错位问题。CDIO 提供了一种以真实产品和系统的“构思－设计－实现－运行”为背景的工程教育模式。在“113”体系的构建中，创新性应用 CDIO 愿景衔接 OBE 理念，把学校如何培养人才能使其更好地适应社会需求的核心问题落到了实处，形成了一整套课程开发、课程教学和课程评价的方法。“113”改革包括Ⅰ级和Ⅱ级项目、一体化实践体系、校外实习基地建设等综合

举措，推动了在产品、过程和系统的“构思－设计－实现－运行”的背景环境下强调基础知识学习的进程。

（二）创新 CDIO 大纲，建立一个四级能力的学习大纲

在CDIO大纲的基础上，设计和实施了具有应用型人才培养特色的学习产出大纲，其中一级能力给出了培养目标；二级能力给出了毕业生需具备的知识结构；三级能力给出了课程教学要求；四级能力给出了教案要求。四级能力的学习大纲实现了OBE理念进行教学体系的反向设计，培养目标、知识结构和教学要求三大要素统一支撑毕业要求。

（三）创新 CDIO 标准，建立一个实现学习产出的行动纲要

系统回答了专业培养理念、课程计划制订、设计－实现经验和实践场所、教与学的新方法、教师能力提升等一系列问题，并对从“113”的实施和评价做了系统的、全面的引导和规范，使得教育改革能具体化、可操作、可评价，对学生和教师都具有重要指导意义。

三、坚持协同化育人、家庭化培养和个性化指导

（一）坚持协同化育人，实现“培养－使用”一体化

学校层面推进校企协同化育人。学校与企业按照需求侧要求，共同制定人才培养目标，完善人才培养方案，构建课程体系，开发教材和更新教学内容，共建实习实训基地和生产性实训基地。聘请企业技术骨干参与人才培养过程和质量评价，实施校企双元主体育人，解决了学校只管培养、不管使用的现实问题。

“113”改革树立“校企协同化育人是学校解决人才教育供给与产业需求结构性矛盾的一项基本路线”的新理念，明确了校企协同化育人的目标和任务：一是要变革应用型人才培养理念，需求驱动贯穿人才培养全过程；二是要面向行业和辽宁发展需求，加快调整专业培养目标和培养要求；三是要再造教学流

程，促进供需对接和提高人才培养质量。协同化育人活动及项目体系，在人才培养方案设计时充分吸纳利益共同体各方的建议、在人才培养方案执行过程中着力发挥协同育人的作用、在人才培养方案评估和持续改进中广泛融合专业组织的意见等三个方面，学校出台工作指南，由院系组织实施。校内校外联动，推进有序，引领人才培养方向的作用明显。

（二）坚持家庭化培养，实现“招生－培养－就业”一体化

专业层面要推进学校家庭化培养。专业负责人是“大家长”，每位专业老师是“小家长”，每个专业就成为一个大家庭，不仅要管生源从何处来，还要管毕业生到何处去；不仅要管老师教什么、怎么教、教得怎么样，还要管学生学什么、怎么学、学得怎么样，解决了专业只管老师、不管学生的现实问题。

“113”改革树立了“把立德树人作为家庭化培养中心环节，把思想政治工作贯穿教育教学全过程，实现全员育人、全方位育人的一项基本要求”的新理念。明确了家庭化培养的目标和任务：一是教师要肩负起塑造灵魂、塑造生命、塑造大学生的时代重任，承担起传播知识、传播思想、传播真理的历史使命，以良好的思想、道德、品质和人格给大学生以潜移默化的影响；二是教师要参与招生、培养、就业等人才培养实践的全流程；三是要帮助学生德智体美劳全面发展，构建了家庭化培养活动及项目体系，学校出台工作指南，要求“家长”至少做到“6个一”：指导学生制作一件科技创新作品，参加一次可持续发展社会调研、一次学术报告会、一次公益劳动，组织一场班集体活动，掌握一项专业技能等。搭建了家庭化育人平台，每个学生在校期间都有学校安排的“家长”负责、是“大家庭”的一员，融入“勤建好家庭”“营造好家园”的家庭化培养生态。完善了家庭化育人保障体系，出台家庭活动记录手册、专项奖励绩效等政策。

（三）坚持个性化指导，实现“教育－教学”一体化

教师层面推进个性化指导。专业教师作为小家长“承包”几个学生作为自己的“孩子”，组成一个小家庭。在每一个小家庭里，家长老师不仅要指导自己

“孩子”的学习，还要负责他们的一切，包括品德教育、日常行为、毕业分配等，让他们感到家的温暖，解决了老师只管教书、不管育人的现实问题。

“113”改革树立了“个性化指导是教师以大学生全面发展为目标，深入进行素质教育的一项基本任务”的新理念，明确个性化指导的目标和任务：一是要加强法律自醒、安全自警、环保自觉、伦理自律等教育；二是要加强人文素质和科学精神教育，促进大学生思想道德素质、科学文化素质和健康素质协调发展；三是要引导大学生勤于学习、善于创造、甘于奉献，成为有理想、有道德、有文化、有纪律的社会主义新人。

学校出台工作指南，构建个性化指导的活动项目体系，搭建个性化指导平台，包括课堂教学的“一课一做”、专业学科竞赛等，要求教师在课程教学与拓展活动中培养学生善于思考和不断探索的精神，在课外科技作品制作活动中训练积极进取和勇于开拓的毅力，在参加各类国家、省级竞赛项目活动中，培养学生不断学习和创新创业意识等。师生能深度参与、交互、体验。

四、沈阳化工大学科教融合学院的实践探索

长期以来，我国各级政府通过完善地方高等教育领域的普惠性、政策性和优惠性等各种投资形式，实施高等教育“走出去”战略等需求侧改革的“三驾马车”，推动着地方高等教育的跨越式发展。虽然需求侧改革在一定历史时期内满足了民众接受高等教育的美好诉求，推动了地方高等教育的跨越式发展，但随着经济形势的新常态境遇以及地方高等教育大众化向普及化的过渡，需求侧改革暴露出的人才培养结构性失衡，科学研究“短平快”模式、功利化价值驱动和“成果多、转化少”的粗放式增长，社会服务零散化和碎片化等问题愈加凸显，已经无法充分适应地方高等教育的持续发展需要。当前，在地方高等教育先后进入普及化阶段的特殊历史时期，其主要桎梏在于人才培养结构性的“产能”问题、科学研究质量性的“库存”问题以及社会服务的活力性“短板”问题等三方面的供给制约。

沈阳化工大学自2007年开始探索开展人才培养供给侧结构性改革，逐渐摸索出具有自身特色的科教协同模式，开辟地方院校借力国家科研院所的创新优

势和科研资源，提高人才培养质量、产出科技创新成果、实现共赢发展的有效路径，取得显著成效并积累了大量实践经验。2019年，在沈阳化工大学先行探索科教融合经验的基础上，辽宁省教育厅与中国科学院沈阳分院签署战略合作框架协议，建构深度科教融合教育共同体，在辽宁省建立科教结合-人才培养-反哺科研的科研教学融合的新机制，形成了政-校-院-所的联动，最大限度发挥科研反哺教学的人才培养的社会职能。

（一）建立校院所动态共管的科教融合学院

1. 健全科研融入育人全过程的组织管理体系

沈阳化工大学一直探索创新多元化人才培养模式，与中国科学院相关研究院所探索推进协同育人、协同创新、资源共享、优势互补、共同发展的长效机制。2019年7月，沈阳化工大学率先与中国科学院系统7所2院共建沈阳化工大学科教融合学院。目前，科教融合学院已有239名导师，纳入共同培养体系的本科生和研究生数量持续增长，现共有120名本科生和454名研究生在院学习。经过三年的高速发展，沈阳化工大学已逐步和国内众多的国家科研院所建立合作关系，稳步推进科教融合战略，已初步建立科教融合学院的共建体系，合作单位涉及中国科学院相关院所、国企产业研究院、高等学校等17个。

2. 创新多学科知识融合的校所联合的人才培养模式

科教融合学院在内部实行校院所动态共管，本科生和硕士研究生分别建立“3+1”和“1+2”联合培养体制。学校和协同共建单位共同设计人才培养方案，基于学科和产业链，打造教育链和创新链，共同培养具有前瞻交叉思维的科技领军人才和产业人才，共同提升人才培养质量和自主创新能力，实现产业链、创新链和教育链的深度融合。科教融合学院设立了“菁英班”并实行“3+1”学制，即第1~3学年在校学习，第4学年在科研院所或校内高峰团队实践，从事实习实践和毕业论文（设计）。“菁英班”学生可自主选择到合作的科研院所开展毕业实习、毕业论文等工作。通过设立“菁英班优秀学生奖学金”“菁英班学生实习奖学金”，在同等条件下有被优先录取攻读研究生的资格等，促进学生的跨单位学习研究。“菁英班”实行“辅导员+导师”管理模式，对学生的思想、学习、科研、生活等进行全方位指导。在研究生培养方面，实行“1+2”学制，即第1学年在学校完成基础课程的学习，第2~3年在科研院所、学校高峰团队接受联合指导，开展毕业论文研究工作。

3. 搭建校所优势互补的资源共享的科教融合工作机制

为整合资源、促进合作，发挥科研院所对科技创新的引领作用和地方高校对区域人才供给的支撑作用，沈阳化工大学牵头组建科教融合工作组，形成定期协商管理的工作机制，强化人才培养核心地位。将原来“重使用、轻培养”的模式，转变为注重在科研过程中培养科研能力、开发创新思维、提高综合素质的创新型人才培养模式，共同开发实践教学课程、共建实验实训平台、共享优势师资等。根据这种工作机制，科教融合学院的所有共建校院所都加大国家级、省部级重点实验室、工程实验室、工程技术研究中心等科研平台的开放力。从改革培养机制、强化实习实训、优化专业结构、建设师资队伍等方面，积极探索联盟内部的“共建、共治、共享”科教融合新机制，基本实现了教学－科研训练－拓展实践－毕业设计全过程贯通，形成了一体化的高素质创新型工程人才培养。

4. 推进高校内部资源功能整合与动态调整

沈阳化工大学以培养德智体美劳全面发展的社会主义建设者和接班人为目标，紧密对接学科发展前沿和产业发展需求，学校持续推动人才培养机制改革。科教融合学院的设立，进一步推动了学校的人才培养的供给侧结构性改革，调优学科专业结构布局，将优势特色学科专业做大做强，积极设置面向学科交叉融合和具有战略性、前瞻性和紧迫性的相关专业，近十年内开展了三轮人才培养方案的全面修订工作，不断推动教学与创新资源的配置改革，以学科交叉融合为基础，重组整合各类教学科研创新资源，开展院系调整，形成人才培养合力，积极探索有利于协同创新的新模式和新机制，整体提升学校科研创新能力。

（二）校所共建融合学院在协同治理中的因素分析

在调整科教协同育人发展战略和方向、优化合作成效的过程中，需要运用更科学的理论来促进科教协同育人机制创新。“协同”一词在英文中有synergy、collaboration、cooperation、coordination等多种表述。“协同”的理念起源于系统论，根据系统论的观点，系统具备整体性，其各级子系统和组成要素可在系统中发挥自身的功能，而作为整体的系统，具备其子系统和要素自身所没有的功能和性质，也即整体的效能要大于部分之和。1969年，比利时学者普利高津提出了耗散结构理论。1976年德国学者哈肯提出协同学理论，揭示出不同系统间存在的从无序至有序、从非稳定至稳定的演变特征；协同学也研究系统从有序至无序混沌的演化规律。高校、中科院、社科院、各级各类科研单位及数量众多的高新技术企业，构成了当前我国高等教育人才培养系统，各部门之间存在着非线性、复杂的相互作用，只有这些相互作用产生协同效应时，才能有效地推动科教融合向有序化发展。作为一个整体，人才培养是高等教育人才培养系统的整体目标之一，上述系统的各子系统又有各自追求的自身目标，这要求各子系统平衡各自系统目标，并驱使各组成子系统达到最大程度的相互适应。同时，协同合作的异质组织都受到社会经济活动影响，且内部包含若干相互作用的子系统，因此在合作过程中需要结合自身资源与有限能力，综合分析机遇与挑战，整合内外部资源，通过异质性组织间的相互支持与资源互补来追求共同利益。协同合作的组织间通过运行机制实现系统的开放性，保证置于公共领域的部分协同资源产生非线性叠加效用，并实现资源利用的“最小化浪费”，进而实现资源配置效用的最大化。

同时，异质性组织协同过程可还原为对公共领域资源的限制性再分配，至少包括育人协同、资源协同和组织协同。校所共建的科教融合学院，是高等学校与科研院所异质性组织间更有深度、更为全面的协同合作育人体系的载体，需要合作方就共建资源、交互共享的资源进行协同，打破异质组织间资源多维属性和认识的局限性，整合形成新的协同育人合力。科教融合并不是一个静态和线性的过程，必须用动态的视角看待这种融合创新模式。高等院校和科研院所在保持自身发展张力的同时不断自我优化，推动组织内部的自我发展，加强科研资源和创新力量与育人资源的动态重组和更新迭代，提高科技创新和人才培养的效益，最终实现高校和科研院所双方在人才培养质量、内部创新性人才成长机制、整体科研能力以及服务重大战略需求等方面的共同提升，最终建立共建共治共享的科教融合协同育人平台，推进教育治理体系和治理能力的现代化。

1. 育人协同是科教融合的核心

科教融合的目的是要更好更高效地培养人才，育人是科教融合的核心目标。高等学校有着丰富的办学经验、良好的育人环境、齐全的学科门类的特点；科研院所学科特色鲜明、科研领域精深的优势；校所共建科教融合学院就是以高等学校某一优势学科专业与科研院所基于前沿知识相结合，构建的育人和知识创新共同体。校所共建科教融合学院将学生招生统一纳入合作高校整体招生中，学生学籍由合作高校统一管理，学生毕业和学位授予由合作高校负责实施，由双方人员组成的科教融合学院学位分委员会共同审议。高校内部可以突破学科之间、专业之间、第一课堂和第二课堂之间的边界，形成高校内部的人才培养体系分享机制；形成校所强强联合、优势互补，不仅提高高等学校的人才培养和科研能力，也增强科研院所的研发集中度和人才供给水平，进一步提高源头创新水平，实现人才培养和知识创新生产。

2. 资源协同是科教融合的基础

要突破传统联合培养模式和科技英才班的“点式”合作模式，需要将高等学校和科研院所的资源进行有效的共建共治共享，形成相互之间的交互协同合作，建立科教融合协同育人的资源基础。科研院所的导师同时也是合作高校的导师，科研院所的科研平台也是合作高校的科研创新平台，通过人才培养、合作研发、教师互聘、学术成果共享、学术交流等方式，以科教融合学院为载体，促成优质科研资源向教学育人资源的转化、各类资源在校所之间的有效使用与共享集成。高校能够面向社会建立集“开放、多样、灵活、高效”为一体的协同创新机制，贯通科教协同主体与其他主体间的合作机制，发挥科教融合学院在高等院校与科研院所之间的桥梁作用和协调功能，实现高等学校与科研院所的深度融合，走科教融合协同创新机制培养人才之路。

3. 组织协同是科教融合的保证

校所共建科教融合学院存在法人与法人之间的合作，这明显异于传统科教结合模式，更加强调合作的组织化，即合作是机构与机构之间、部门与部门之间的合作。双方共建科教融合学院，包括共同建设学科、共同制定人才培养方案和课程体系等。共同治理科教融合学院促进发展，包括共同管理学生、共同负责学院日常运行事务和工作等，共享科教融合学院发展的成果。同时，这种共建共享是一种协同治理过程，是各种行为主体都认可的行动规则的制订和运行过程，影响着组织协同的平衡治理结构的形成，校院所各方对合作关系的重视、高层管理对合作模式的支持、人力资源的分配、信息交换、冲突解决程序等，因此组织协同是保证，最终会影响科教融合的成效。

（三）深化地方高校科教融合协同育人的思考与建议

科教融合协同育人是一项系统工程，牵动多方主体，涉及多个方面。当前科教融合协同育人合作水平较高的单位，多集中于国内综合性研究型高等学校和实力雄厚的科研院所，地方性普通高等院校和一般性科研机构参与较少涉及不深，合作效果也不太显著，合作范围还有一定的局限性。地方高校存在经费投入较少、基础条件较差，同时在学科积累、资源获取和师资队伍上存在先天劣势，培养人才整体能力偏弱等问题。针对这些问题，立足地方高校人才培养定位，回归科教融合协同育人本质，对地方高校实施科教融合提出一些思考和建议。

1. 创新合作机制，完善组织结构，实现组织协同

高等学校与科研院所都有着各自的独特结构和内部组织，在相互合作过程中，高校、院所内部组织之间的结合方式是多种多样的，各自机构有时体现出排斥，有时会体现出协作。协同治理就是要实现异质组织间的协作，进而发挥组织系统的最大效能。

在校院所共建科教融合学院过程中，通过拓展国家创新平台资源和政府资源，加强与国内外高校和科研院所合作，推动创新链、人才培养链、产业链的深度融合。高等院校与科研机构、行业企业、政府共建专业建设指导委员会，设计建立以学生为中心的个性化培养方案、管理模式和运行机制。通过实施国家、地方各类研发项目的合作申报，结合双方优势，承担研发任务，也形成了

多方联合人才培养和科学研究的载体和基地。建立联席会议制度，合作院所领导、校内主管领导及相关部门负责人作为联席会成员，定期召开会议，推动各方的特色互补研究与教育平台、基地、研究设施及设备仪器等资源的共享。设立独立的校院所联络机构，便于彼此主动寻求合作机会，创造合作条件，协调科研发展、高端人才引育、人才培养等方面的具体工作。推动高等学校和科研院所共建创新研究平台（包括联合实验室），推进国家及地方重点实验室、工程研究中心等创新平台的联合申报，成为学校培育交叉学科和新兴技术的孵化器。

2. 优化培养模式，强化知识体系，建立教学协同

协同治理理论是在尊重多样性的基础上，寻求实现各个子系统个体目标和实现手段的协同，构建彼此接受的通用规则，实现各方的共赢。高等学校与科研院所拥有不同的教学与科研资源，具有不同绩效目标，导致校院所之间协同目标的多元性，不同主体实现目标的手段具有多样性。

校院所共建科教融合学院的人才培养目标是培养创新型和复合型人才，全面参与、有效合作、协同创新是实现目标的重要手段。高等学校应借助科研院所优势探索推进本科生早进课题、早进团队、早进实验室的“三早”育人模式。根据学生发展意愿为每位学生配备指导教师，早参与导师课题组研讨、协助课题组开展基础性的科研工作等，通过科研育人，强化立德树人，形成个性化指导，促进学生自主学习深度学习，引领学生发展。全面推动课堂革命，改革传统的教育教学形态，广泛开展探究式、参与式的教学，把沉默单向的教学变为碰撞思想、启迪智慧的互动空间。一方面，教师参与到招生、培养、就业等人才培养全过程，支持学生德智体美劳全面发展。另一方面，借助科研院所的科研优势，引导广大教师将最新研究成果有效地凝练为教学内容、推进研究性教学模式改革，全方位培养创新创业意识。

3. 加强学科交叉，激发合作动力，打造资源协同

协同治理理论认为异质组织在相互竞争的力量之间，会主动寻找分化与整合的途径，实现治理效果的持续优化。在科教融合学院发展过程中，实际上是校所两个组织从各自的单一结构转为一种新型的共生结构，通过制度引导、政策激励，实现新系统从无序向有序发展。建立健全学科交叉、科教融合、教研

共融的科研教学体系，完善交叉学科学生管理制度，加快科教融合中学科交叉共享课程建设，推进课程内容的更新，建设综合性、问题导向、学科交叉的新型课程群，将学科研究新进展、技术发展新经验、社会需求新变化等内容，及时纳入教材，形成基础知识与前沿知识的有效衔接。

应鼓励学校与科研院所协同设立跨学科教学科研岗位，健全交叉学科教学科研人员的有效流动机制，完善校内教师兼职兼聘制度。支持教师开展跨学科、跨领域的高水平教学科研工作，完善交叉研究成果认定制度，提高教师从事前沿和重大应用问题交叉研究的积极性，强化跨学科合作的激励措施。充分挖掘和释放科研院所和高等学校科研人员的潜能，双方互派优秀人才担任专兼职导师开展合作研究，形成科学研究和人才培养的内在协同。加强高端人才引进培养，通过“内培外引”打造一支具有较高创新能力的师资队伍。联合组织年度科教融合研讨会、联办高水平学术会议及科技论坛等活动，推动融合双方的科技创新合作，建设学科和谐发展生态，尤其借助科研院所的优势创新资源和能力，提升（地方）院校师资的创新意识和水平。

4. 遵循综合优化，注重动态调整，实施育人协同

在科教融合体系中建立和推进人才培养方式改革，加强体系整体的创新能力，提升人才培养质量，必然要求将科教融合体系和时代大环境看成一个统一的整体。在改革探索实践中，要时刻联系整体大环境来构建科教融合体系，注重教育行政部门、院校、科研院所、企业、导师、学生等各部分的相互作用。特别是在优化动态体系的过程中，应坚持全局视角推动体系的有序化、内生化演进。体系的各组成要素和子系统，均有自己的运行机制和功能，但科教融合体系并非诸要素和子系统功能的简单、低层次的叠加，而是具备整体的特殊功能，且体系的特殊功能又与各要素和子系统的相互作用密切相关。在构建以科教融合学院为主要形式的实施科教合作育人的过程中，要以整体性的原则作为制度设计的基本出发点，坚持科学的观点和实践的观点，注重体系的层次结构，将动态化发展的原则作为制度建设的核心内容，实现体系的整体优化和综合优化。

在科教融合学院的建设运行过程中，对涉及的各单位、各部门、各成员、

各师生，其利益与激励机制调整要保证整个科教融合体系高效地运转。所有政策的出发点，不只是局部的“优化”，局部的“优”不一定是整体的“优”，而应该以总体的“最优解”为目标，即以创新能力和人才培养质量的提升作为体系运行和高质量发展的核心衡量标准。要兼顾各组成要素之间的动态联系和作用规律，促进要素的自身发展。在科教融合学院建设发展过程中，要注重科学的实践方法，针对不同学科的不同特点，同时兼顾各类科研院所企业的差异性，强调科教融合体系要素之间的动态结构和相互作用关系，注重归纳总结，在探索中坚持“实践、认识、再实践、再认识”的科学方法。

参考文献

［1］顾秉林．大力培育工程性创新性人才［J］．清华大学教育研究，2014（4）：1–6.

［2］吴新开，刘德顺．面向“两型社会”的高等工程教育［M］．长沙：中南大学出版社，2017：62.

［3］谢和平．提高人才培养质量，提高什么？［J］．中国大学教学.2015（6）：4–8.

［4］邹晓东，等．科学与工程教育创新—战略、模式与对策［M］．北京：科学出版社，2010：224.

［5］赵哲，宋丹．工科优势高校与企业协同育人的模式分析与深化路径［J］．高等工程教育研究，2018（6）：65–70.

［6］陈涛，邵云飞．《华盛顿协议》：内涵阐释与中国实践——兼谈与“新工科”建设的实质等效性［J］．重庆高教研究，2018，6（1）：56–64.

［7］刘国瑞，王少媛．推进省级教育研究机构向教育智库转型的若干思考［J］．现代教育管理，2014（4）：1.

［8］赵西，陆秋婷，国顺如．德国应用科学大学差异化发展路径及启示［J］．天津中德应用技术大学学报，2022，（3）：29–36.

［9］杨华春，沙春发．“双一流”背景下国外高校教师评价典型制度研究及借鉴［J］．黑龙江教师发展学院学报，2022，41（6）：13–15.

［10］王文礼．美国高校教育创业人才培养研究——基于宾夕法尼亚大学教育创业硕士项目个案分析［J］．比较教育研究，2022，44（6）：91–99.

［11］涂雨婷．地方本科高校向应用型转变：德国经验与中国路径［J］．创新创业理论研究与实践，2022，5（11）：94–96+101.

［12］惠转转，程铭．英国应用型高校治理模式变迁的制度逻辑［J］．高教探索，2022，（3）：95–104.

［13］于博，赵倩．德国高校应用型人才培养模式研究——以应用科学大学为例［J］．科技资讯，2022，20（5）：117–119+152.

［14］朱小军．应用型高校产教融合人才培养模式研究——基于美国社区学院办学经验、典型模式的启示［J］．职教论坛，2020，36（10）：123–129.

［15］靳一诺．澳大利亚高等教育现代化发展战略研究［D］．西安：陕西师范大学，2020.

[16] 滕宋云 . 美国高等院校应用型人才培养研究［D］. 荆州：长江大学，2020.
[17] 刘洁 . 理论是智库遵循教育规律的保证［N］. 中国教育报，2015-04-08（7）.
[18] 曾天山，王小飞，吴霓 . 澳新两国国家教育智库及其服务政府决策研究——澳大利亚、新西兰教育科研考察报告［J］. 比较教育研究，2013（8）：35.
[19] 周洪宇 . 创新体制机制，建设中国特色新型教育智库［J］. 教育研究，2015（4）：8.
[20] 赵哲 . 高校与企业、科研院所协同创新的机制障碍与对策——以辽宁省高校为例［J］. 高校教育管理，2014（2）：50.
[21] 赵哲，董新伟 . 地方高校协同创新的问题分析与路径选择——以辽宁地方高校为例［J］. 高等农业教育，2013（8）：16.
[22] 殷朝晖，潮泽仪 . 知识生产模式转型背景下一流学科战略联盟构建研究［J］. 现代教育管理，2020（5）：29-35.
[23] 杜德斯达 .21 世纪的大学［M］. 刘彤，屈书杰，刘向荣，译 . 北京：北京大学出版社，2005：100-102.
[24] 温伯格 . 知识的边界［M］. 胡泳，高美，译 . 太原：山西人民出版社，2017：22-23.
[25] 陈洪捷 ."双一流"建设，学科真的那么重要吗？［N］. 中国科学报，2019-11-27（7）.
[26] 吕连菊，阚大学 . 产学研协同创新对经济增长影响的实证研究——以江西省为例［J］. 科技管理研究，2017（23）：130-135.
[27] 王洪才 . 论大众高等教育与多元参与治理模式建构［A］// 潘懋元 . 中国高等教育评论［C］. 北京：教育科学出版社，2012：108-117.
[28] 冯遵永，丁三青 . 欧洲大学治理中学生参与的当代发展［J］. 江苏高教，2015（4）：20-22.
[29] 贾康，苏京春 . 从对立走向融合的"新供给经济学"［J］. 中国经济报告，2016（1）：16-21.
[30] 赵哲，宋丹 . 愿景与策略：基于供给侧改革的地方高等教育功能释放研究［J］. 高教探索，2018（11）：11-17.
[31] 滕泰 . 新供给主义经济学［M］. 北京：东方出版社，2017：9-14.
[32] 石灯明 . 供给侧改革视角下省域教育科研管理的发展路径研究［J］. 当代教育科学，2016（14）：19-23.
[33] 陈浩，王晓红，张宝生 . 基于视窗分析模型的我国高校科研效率评价［J］. 科研管理，2014，35（4）：138-148.
[34] 周海涛，郑淑超 . 高校科研体制七十年变革的历程和趋向［J］. 高等教育研究，2019（9）：40-45.

［35］蔡瑞林，徐伟 . 培养产权：校企共同体产业学院建设的关键［J］. 现代教育管理，2018（2）：89–93.

［36］张艳芳 . 关于高职混合所有制产业学院的思考［J］. 职业教育研究，2017（10）：15–19.

［37］周大鹏 . 产业学院：协同育人视角下高职艺术设计专业产教融合的探索［J］. 高教探索，2018（3）：105–108.

［38］朱为鸿，彭云飞 . 新工科背景下地方本科院校产业学院建设研究［J］. 高校教育管理，2018（3）：30–37.

［39］唐正玲 . 课程群建设：产业学院建设背景下的课程改革策略［J］. 职教通讯，2016（18）：16–19.

［40］崔彦群，应敏，戴炬炬 . 产教融合推进应用本科“双主体”产业学院建设［J］. 中国高校科技，2019（6）：66–69.

［41］李潭 . 产业学院：校企合作新型路径［J］. 教育评论，2017（11）：27–30.

［42］崔凤祥，崔星 . 探索高职教育的产业学院办学模式［J］. 继续教育研究，2010（10）：56–57.

［43］刘克勤 . 论高职院校的联合体式区域合作［J］. 职业技术教育，2013（35）：55–58.

［44］刘国买，何谐，李宁，等 . 基于“三元融合”培养应用型人才：新型产业学院的建设路径［J］. 高等工程教育研究，2019（1）：62–66.

［45］胡文龙 . 论产业学院组织制度创新的逻辑：三链融合的视角［J］. 高等工程教育研究，2018（3）：13–17.

［46］励效杰 . 产业学院的制度逻辑及其政策意义［J］. 职业技术教育，2015（31）：49–52.

［47］姚奇富 . 高职院校与县域发展的共生模式研究［J］. 教育发展研究，2016（13/14）：120–124.

［48］郑琦 . 产业学院：一种利益相关者共同治理的高职办学模式［J］. 成人教育，2014(3)：62–64.

［49］卢美圆 . 基于耗散结构理论的高等职业教育产教融合动力机制研究［J］. 教育与职业，2016（20）：11–14.

［50］吕红刚 . 高职院校二级学院混合所有制改革探索［J］. 中国职业技术教育，2019（10）：70–74.

［51］许文静 . 整体性视域下产业学院内部结构的治理逻辑研究［J］. 中国职业技术教育，2018（29）：12–16.

［52］杨善江 .“产教融合”的院校、企业、政府角色新探——基于“三重螺旋”理论框架［J］. 高等农业教育，2014（12）：117–119.

[53] 徐秋儿 . 产业学院：高职院校实施工学结合的有效探索 [J]. 中国高教研究，2007（10）：72–73.

[54] 黄艾，祝志勇 . 构建产业学院提升高职人才培养质量的专业建设机制研究与实践 [J]. 职教论坛，2015（18）：65–68.

[55] 崔凤祥 . 构建校企合作战略伙伴关系探索高职教育的产业学院办学模式 [J]. 天津职业大学学报，2009（12）：22–24.

[56] 张艳芳，雷世平 . 论混合所有制产业学院的内涵、地位及属性 [J]. 中国职业技术教育，2018（34）：50–55.

[57] 刘有耀，等 . 工程应用型创新人才培养模式研究与实践 [J]. 高等工程教育研究，2015（5）：76–81.

[58] 崔玉祥，靳晨，朱超云 . 校企合作协同培养工程人才的机制新探 [J]. 黑龙江高教研究，2014（4）：100–102.

[59] 顾秉林 . 工程教育中亟待解决的三个问题 [J]. 中国高等教育，2002（22）：9–11.

[60] 姜元章 . 提高中国高等工程教育质量的问题研究 [J]. 中国石油大学学报：社会科学版，2010（8）：94–98.

[61] 钟秉林，魏红，李婷婷 . 我国高等工程教育研究的现状分析与未来展望 [J]. 高等工程教育研究，2011（3）：9–13.

[62] 孙爱东 . 高等工程教育创新人才培养“3+4”实践教学体系探索 [J]. 高校教育管理，2015（11）：41–45.

[63] 李志义，等 . 用成果导向教育理念引导高等工程教育教学改革 [J]. 高等工程教育研究，2016（5）：27–32.

[64] 眭依凡 . 教学评估：大学人才培养质量的保证 [J]. 高等工程教育研究，2010（5）：87–92.

[65] 钟秉林 . 人才培养模式改革是高等学校内涵建设的核心 [J]. 高等教育研究，2013（11）：71–76.

[66] 滕泰 . 新供给主义经济学 [M]. 北京：东方出版社，2017：4.

[67] 萨伊 . 供给的逻辑：政治经济学概论 [M]. 黄文钰，沈潇笑，译 . 杭州：浙江人民出版社，2017：102.

[68] 段丽华 . 新业态下地方高校人才培养机制探析 [J]. 高等教育研究，2016（10）：66–70.

[69] 郭丛斌 . 中国高水平大学学科发展现状与建设路径分析 [J]. 教育研究，2016（12）：62–73.

[70] 劳凯声 . 智能时代的大学知识生产 [J]. 首都师范大学学报：社会科学版，2019（2）：1–6.

[71] 孙善学.产教融合的理论内涵与实践要点[J].中国职业技术教育，2017(34)：90-94.
[72] 赵哲.高校与企业、科研院所协同创新的机制障碍与对策——以辽宁省高校为例[J].高校教育管理，2014(2)：50.
[73] 包水梅，杨冬.美国高校创新创业教育发展的基本特征及其启示——以麻省理工学院、斯坦福大学、百森商学院为例[J].高教探索，2016(11)：62-70.
[74] 曾天山.合理定位、明确目标、突出特色、和谐发展——关于新建本科院校发展战略若干问题的思考[J].龙岩学院学报.2006(4)：6.
[75] 王树国.乘势聚力协同创新推进世界一流大学建设[J].中国高等教育.2011(17)：6.
[76] 李忠云，邓秀新.高校协同创新的困境、路径及政策建议[J].中国高等教育.2011(17)：11.
[77] 张力.产学研协同创新的战略意义和政策走向[J].教育研究.2011(7)：20-21.
[78] 徐东波.我国专业学位研究生教育的本质属性、发展误区与变革路径[J].现代教育管理，2020(10)：100-105.
[79] 包水梅，杨玲.我国研究生导师专业发展的素质标准探析[J].现代教育管理，2020(2)：85-93.
[80] 别敦荣.大学组织文化的内涵与建设路径[J].现代教育管理，2020(1)：1-7.
[81] 宋争辉，王勇.大学基层学术组织的发展困境及治理路径——学科制度的视角[J].南京师大学报：社会科学版，2019(5)：45-53.
[82] 陈洪捷."双一流"建设，学科真的那么重要吗[N].中国科学报，2019-11-27(7).
[83] [美]詹姆斯·马奇，赫伯特·西蒙.组织：第二版[M].邵冲，译.北京：机械工业出版社，2016：166.
[84] [加]亨利·明茨伯格.卓有成效的组织[M].魏青江，译.北京：中国人民大学出版社，2015：36.
[85] 张明，宋妍.一流大学建设中知识生产创新优化路径研究[J].现代教育管理，2020(5)：22-28.
[86] [美]伯顿·克拉克.高等教育系统——学术组织的跨国研究[M].王承绪，徐辉，等译.杭州：杭州大学出版社，1994：261.
[87] 张德祥，牛军明.论文化治理性与大学文化治理[J].现代教育管理，2021(1)：1-9.
[88] 卫建国.以改造课堂为突破口提高人才培养质量[J].教育研究，2017(6)：125-131.
[89] 林健.面向卓越工程师培养的课程体系和教学内容改革[J].高等工程教育研究，2011(5)：1-9.
[90] 崔军.整体工程观视野下的工程师和工程教育改革[J].中国大学教学，2016(10)：37-42.

[91] R. J. Smith, B. R. Butler, W. K. Le Bold. Engineering as a Career, 4 the diction. New York : Mc Graw-Hill, 1983 : 10-12.

[92] Joel Moses. Engineering with a Big E : Integrative Education in Engineering [R] . MIT, 1994 : 3.

[93] Domenico Grassoand Melody Brown. Beyond Techology : The Holistic Advantage [A] // Domenico Grasso, Melody Brown Burkins. Beyond Technology : The Holistic Advantage, in Holistic Engineering Education. Berlin : Springer, 2010.

[94] Michel felder DP, Mc Carthy Nand Gold berg DE. Philosophy and Engineering Reflections on Practice, Principles and Process [M] . Berlin : Springer, 2014 : 9.

[95] ENEACC. EUR-ACEF ramewoik Standards and Guidelines [R] . European Network fbr Engineering Accreditation, 2015 : 20-25.

[96] ABET. Criteria for Accrediting Engineering Programs 2015-2016 [R] . Accreditation Board for Engineering and Technology, 2015 : 7.

[97] Chung, G. K. W. K. The impact to fasimulation-based learning design projection student learning. IEEE trans On Education, 2001, 44 (4): 390-398.

[98] Koh, C., Tan, H. S., Tan, K. C., et al. Investigating the Effect of 3D Simulation-Based Learning and Performance of Engineering Students. on the Motivation Journal of Engineering Education, 2010, 99 (3): 237-251.

[99] Lin, L. W. Curriculum development in microelectrome chanical system sinmechanical engineering. IEEE trans. On Education, 2001, 44 (1): 61-66.

[100] Han, K. W., Lee, E., Lee, Y. The Impact of a Peer Learning Agent Based on Pair Programming in a Programming Course. IEEE trans. On Education, 2010, 53, (2): 318-327.

[101] Rubio, L, Munoz-abella, B., Castejon, C., et al. Web-Based Application for Descriptive Geometry Learning. Computer Applications in Engineering Education, 2009, 18 (3): 574-581.

[102] U. S. National Academy of Engineering. The Engineer of 2020 : Visions of Engineering in the New Century [M] . Washington, D. C. : National Academy Press, 2004.

[103] ENEACC. EUR-ACE Framework Standards and Guidelines [R] . European Network for Engineering Accreditation. 2015 : 20-25.

[104] ABET. Criteria for Accrediting Engineering Programs 2015-2016 [R] . Accreditation Board for Engineering and Technology. 2015 : 7.

[105] [比利时] 约翰·德·格瑞伍 . 从未来学习，培养明日的工程师——论高等工程教育的创新战略 [J] . 高等教育研究 .2000 (2): 73-77.

［106］邬大光．建设高等教育强国的战略意义［J］．教育发展研究，2008（19）：6–10.

［107］周光礼．走向高等教育强国：发达国家教育理念的传承与创新［J］．高等工程教育，2010（3）：66–77.

［108］许洁明．近代英国高教发展史中的两种价值取向评析［J］．史学月刊，1997（1）：85–89.

［109］全守杰．德国大学模式新论——论德国研究型大学模式与工科大学模式［J］．中国高教研究，2011（8）：66–68.

［110］张秀萍，黄晓颖．三螺旋理论：传统“产学研”理论的创新范式［J］．大连理工大学学报：社会科学版，2013（10）：1–6.

［111］赵哲．高校与企业、科研院所协同创新的现状与对策——以辽宁高校为例［J］．现代教育管理，2013（6）：31–36.

［112］杨善江．“产教融合”的院校、企业、政府角色新探——基于“三重螺旋”理论框架［J］．高等农业教育，2014（12）：117–119.

［113］徐秋儿．产业学院：高职院校实施工学结合的有效探索［J］．中国高教研究，2007（10）：72–73.

［114］黄艾，祝志勇．构建产业学院提升高职人才培养质量的专业建设机制研究与实践［J］．职教论坛，2015（18）：65–68.

［115］崔凤祥．构建校企合作战略伙伴关系探索高职教育的产业学院办学模式［J］．天津职业大学学报，2009（12）：22–24.

［116］张艳芳，雷世平．论混合所有制产业学院的内涵、地位及属性［J］．中国职业技术教育，2018（34）：50–55.

［117］朱跃东．高职混合所有制二级产业学院建设的实践之惑与应对之策［J］．中国职业技术教育，2019（1）：61–67.

［118］林仕彬．校企合作背景下高职院校人才培养质量保障体系的构建——以中山职业技术学院专业镇产业学院的实践为例［J］．职业教育，2015（7）：44–53.

［119］赵东明，赵景晖．高职校企混合所有制二级产业学院建设研究［J］．教育探索，2016（6）：42–46.

［120］王宝玺．关于实施“卓越工程师教育培养计划”的思考［J］．高校教育管理，2012（1）：15–19.

［121］樊平军，王炳富．从产学研协同育人的视角看学生就业能力的培养［J］．国家教育行政学院学报，2015（5）：27–30.

［122］孙雷．“卓越计划”理念下的校企协同育人机制探索［J］．江苏高教，2016（4）：85–87.

[123] 丁晓昌 . 推进协同育人提升教学质量 [J]. 中国高教研究，2012，22：33-35.

[124] 陈涛，邵云飞 .《华盛顿协议》：内涵阐释与中国实践 [J]. 重庆高教研究，2018，6(1)：56-64.

[125] 侯永峰，等 . 深入实施卓越工程师教育培养计划，创新工程人才培养机制 [J]. 高等工程教育研究，2014(3)：1-6.

[126] 罗燕 . 教育的新制度主义分析——一种教育社会学理论和实践 [J]. 清华大学教育研究，2003(12)：28-34.

[127] James C. March，Johan Posen. Rediscovering Institutions：The Organization Basisof Politics [M]. New York：Free Press，1989.

[128] Peter Hall and Rosemary CR. Taylor. Political Scienceand Three New Institutionalism [J]. Political Studies，1996(25).

[129] 王冠，朴雪涛 . 大学理念研究的范式及对大学制度变迁的影响 [J]. 现代教育管理，2009(6)：4-7.

[130] 姜元章 . 提高中国高等工程教育质量的问题研究 [J]. 中国石油大学学报：社会科学版，2010(8)：94-98.

[131] 钟秉林，魏红，李婷婷 . 我国高等工程教育研究的现状分析与未来展望 [J]. 高等工程教育研究，2011(3)：9-13.

[132] 孙爱东 . 高等工程教育创新人才培养"3+4"实践教学体系探索 [J]. 高校教育管理，2015(11)：41-45.

[133] 陈敏，蒋志鸿 . 五元合一：法国工科大学生企业实习系统研究 [J]. 高等工程教育研究，2014(6)：139-146.

[134] 许晓东，等 . 我国重点大学本科工程教育实践教学研究 [M]. 武汉：华中科技大学出版社，2015.

[135] 李志义，等 . 用成果导向教育理念引导高等工程教育教学改革 [J]. 高等工程教育研究，2016(5)：27-32.

[136] 朱正伟，周红坊，李茂国 . 面向新工业体系的新工科 [J]. 重庆高教研究，2017(5)：15-21.

[137] 国务院办公厅 . 关于深化产教融合的若干意见 . 国办发 [2017] 95 号 .

[138] 教育部 . 全面提高高等教育质量的若干意见 . 教高 [2014] 4 号 .

[139] 徐静莉，王卫东，孙国富 . 化工类专业多层次工程实践教学平台建设与探索 [J]. 吉林化工学院学报，2016(8)：74-76.

[140] 钟秦，王娟，陈乔迁，等 . 化工类专业三层次实践教学体系的研究与实践 [J]. 实验技

术与管理，2012（2）：4–7.

［141］吴爱华，侯永峰，杨秋波，等．加快发展和建设新工科主动适应和引领新经济［J］．高等工程教育研究，2017（1）：1–8.

［142］李陪根．工科何以而新［J］．高等工程教育研究，2017（4）：1–4.

［143］李平．推进虚拟现实技术应用提高高校教育教学质量［J］．实验室研究与探索，2018，37（1）：1–4.

［144］辽宁省教育厅办公室．关于在全省高等学校开展实训培训基地建设工作的通知，辽教办发［2017］27号．

［145］黄姗姗，刘慧萍，张国民，等．浅谈开放性实验教学模式对中医药院校学生创新能力的培养［J］．中医教育，2015（1）：35–37.

［146］吴恩铭，彭志广，黄建宇．电类创新人才课外培养体系的构建［J］．实验室研究与探索，2016，35（6）：218–220.

［147］张芮，高彦婷，汪精海，等．"四层次，七模块"的实践教学体系及平台建设［J］．现代教育技术，2017（5）：115–121.

［148］林健．面向未来的中国新工科建设［J］．清华大学教育研究，2017（2）：26–30.

［149］王俊文，温亚龙，郝晓刚，等．化工"卓越工程师"试点专业实验教学改革［J］．实验室研究与探索，2013，32（11）：153–155.

［150］张跃辉．以学生为本构建完善的本科实验室管理体系［J］．教育教学论坛，2015（8）：19–20.

［151］张海生．"新工科"建设的背景、价值向度与预期效果［J］．湖北社会科学，2017(9)：167–173.

［152］石海信，甘海忠，王晓丽．新建本科院校化工类顶岗实习教学模式的探索与实践［J］．高教论坛，2011（5）：46–49.